新时代大学生

Innovative Research
on the Comprehensive
Quality Evaluation
Mechanism of
College Students
in the New Era

综合素质评价机制创新研究

王宇航　秦冠英　著

格致出版社　上海人民出版社

架,开展了理论研究,逐渐开启了一扇通往新时代高校思想政治教育创新的大门。在理论研究的过程中,我们意识到,单纯依靠学术成绩评价学生的方式已不能满足现代社会对高素质人才的需求,国内外诸多学者前辈和同行的相关论述是我们研究不能或缺的"巨人肩膀"。诸多发达国家均在探索更为全面、客观的学生综合素质评价体系,以期培养出更具国际竞争力的人才,这给我们探索新路提供了可资借鉴的域外经验。在国内,随着中国特色社会主义进入新时代,教育事业也进入一个全面深化改革、加快发展的新阶段。为适应新时代的发展要求,高等教育改革必须紧扣培养社会主义建设者和接班人的根本任务,更加注重培养学生的综合素质,夯实立德树人的素能基础。

我们在撰写本书的过程中,紧密围绕新时代高校学生综合素质评价机制的创新这一主线展开,系统阐述了新时代下高校学生综合素质评价体系的理论体系、实践模式以及面临的问题与挑战。通过对国内外相关理论、政策以及实践案例的深入剖析,揭示了新时代高校学生综合素质评价的核心价值、原则与方法,以期为中国高等教育改革提供有益启示。

本书分为理论篇和实践篇两部分。理论篇从世界人才竞争的总体态势、中国新发展阶段对高校的人才诉求以及高校学生评价的历史变迁与时代回应等方面进行了深入探讨,全面阐述了新时代背景下高校学生综合素质评价的国内和国际意义。实践篇则针对高校学生综合素质评价制度现状与问题、高校学生综合素质评价的模式比较、评价体系创新等方面进行了详实的研究。通过对多所大学的国际商务人才评价、思政区块链平台建设、学生科研创新能力培养评价和跨文化素质能力评价等典型案例的分析,提出了一系列具有针对性和可操作性的高校学生综合素质评价机制改革建议。通过对国内外高校学生综合素质评价实践的比较研究,本书力图为中国高校实践提供有益借鉴,推动高校学生综合素质评价体系的改革与发展。结论与建议部分总结了全书的主要观点和研究成果,展望了未来研究的方向和重点。

在全书即将付梓刊印之际,ChatGPT 横空出世,划破了数字领域的创新天际,引起了全世界范围各领域人士的广泛关注,对教育领域的影响可谓巨大而深远。在人工智能时代,高校学生评价面临着技术革新带来的评价方式变革、跨学科交融下的知识结构重塑、个性化教育需求的逐渐显现,以及软实力和全人素质的重视程度提高等挑战。为应对这些挑战,我们需要深化教育教学改革,构建多元化、全面的评价体系,关注学生在跨学科知识掌握、创新能力培养、个性化发展以及全人素质提升方面的表现,尤其是针对情感教育支撑和创意素质能力的新一轮培养,让学校和教师做人工智能所不能做之事。同时,还需充分利用现代技术手段,创新评价方法,以实现更精准、更客观和更高效的学生评价。在中国式现代化新征程中,我们要秉持改革创新的精神,努力提高高校学生综合素质评价的科学性、有效性和公正性,为中国高等教育事业的繁荣发展作出更大的贡献。

最后,我们也清醒认识到,《新时代大学生综合素质评价机制创新研究》一书的问世,得益于许多前辈学者的研究成果和经验积累。

我们深感自己的不足,但也怀揣着对教育事业的热爱和对新时代的期许,希望这本书能为广大教育工作者和研究者提供一个较为全面、深入、创新的视角,共同推动中国高校学生综合素质评价体系的改革与发展,也期待读者们的批评指正,共同致力于探讨新时代高等教育的未来。

目 录

实　践　篇

理　论　篇

第一章　世界人才竞争的总体态势

一、人工智能时代的机遇与挑战

（一）人工智能对人才的挑战——替代效应、创造效应与协同效应

　　人类历史一再证明，技术的革新和普及会对经济生产方式和社会生活方式造成影响；随着技术复杂性和集成性的提高，技术的影响力也呈现逐渐扩大的趋势。在第一次工业革命中，以改良蒸汽机为代表的技术革新，引发了生产革新、产业革新，最终逐步推进社会革新及认知和文化领域的革新。在过去，技术进步引发的产业技能要求转变通常需要在相当长的时间，甚至几个世纪的时间才能充分表现出来。而在数字经济时代，技术进步对新技能要求的迭代步伐前所未有地加快。这种革新的传导路径正在快速缩短，传导速度和变革速率也在加快大幅提高。以互联网、大数据、云计算和人工智

能为代表的新一轮科技革命方兴未艾,及早关注并预判其对人类社会的影响已经成为个人、社会,乃至国家和全球层面的重要工作。在众多新兴技术中,人工智能(artificial intelligence, AI)无疑是最引人注目的。

人工智能亦称智械、机器智能,指由人制造出来的机器所表现出的人类智能。通常,人工智能是指通过普通计算机程序来呈现人类智能的技术,也包含研究这样的智能系统是否能够实现,以及如何实现的命题。人工智能的重要性,决定了其研究已经不再局限于技术领域,而是被赋予了国家战略层面的重要含义。习近平总书记在中共中央政治局第九次集体学习上的讲话中强调:"加快发展新一代人工智能是我们赢得全球科技竞争主动权的重要战略抓手,是推动我国科技跨越发展、产业优化升级、生产力整体跃升的重要战略资源。"[1]可以预见,在未来,世界主要国家都将在人工智能的开发和应用中投入大量资源。

人工智能对人才培养领域的影响可以归结为三个效应:替代效应、创造效应与协同效应。

首先,人工智能具有替代效应。人工智能对具有可复制性、重复性、简单操作性特征的人类劳动具有极强的替代能力。在工业生产领域,工业机器人的智能化水平不断提高,熄灯工厂、无人工厂和智慧工厂已经不是新鲜事物;在经济生活领域,数据信息的整理和分析工作、部分审核和审批工作,以及部分财务与会计工作等均已

---

[1] 《推动我国新一代人工智能健康发展》,中青在线,http://zqb.cyol.com/html/2018-11/01/nw.D110000zgqmb_20181101-2-01.htm。

实现智能化；在生活领域，智能管家、自动驾驶、医疗健康行业也有大量人工智能参与。2018年9月麦肯锡发布的《人工智能对全球经济影响的模拟计算》报告指出，到2030年，依据行业的不同，将会有最高达30％的工作被自动化取代，如在数据的收集和处理这两个能被机器很好完成的领域，包括抵押贷款审核工作、辅助的法律工作、会计和办公室行政工作等，都面临着被人工智能替代的风险。[①]类似的报告还有很多，共同的结论就是，快速发展的人工智能技术将对现有劳动力市场造成一定的冲击，现有劳动力的职位、职务，甚至职业将会被人工智能取代。

其次，人工智能也有创造效应。历次技术革新都会引发人们对技术替代人类劳动的焦虑；事实上，从劳动经济学的角度来看，技术在替代部分人类劳动的同时，也会创造出新的职业和就业岗位。第一，高度发达的人工智能在未来可能会逐步实现自我开发与自我维护，但是，目前人工智能技术的开发、应用场景的开拓、人工智能设备的维护和操作等，仍需要人类劳动的支持。这些工作有些是基于原有工作的延伸和发展工种，更多的则是人工智能技术创造的新工种，例如机器人维修和操作师、人工智能工程师。第二，人工智能的智慧化和自动化程度无疑很高，但始终有一些领域是人工智能无法完全替代的，或者无法达到人们所满意的程度的。项贤明（2019）指出，道德、情感等是人之所以为人，且人工智能难以超越人类的关键特质。李开复在《人工智能对人类社会的真正威胁》一文中指出，人

①　引自 https://www.mckinsey.com/featured-insights/artificial-intelligence/notes-from-the-AI-frontier-modeling-the-impact-of-ai-on-the-world-economy＃。

工智能不擅长需要创造力、计划能力和跨领域思考的任务。这些领域主要集中在创新创造领域、人文道德领域、艺术文化领域及统筹规划领域等。①现有劳动力市场在被人工智能干预以后，相对而言将有更多的资源聚集在无法被人工智能取代，或者说替代效应并不强的领域，这会增加此部分劳动力市场的供给；在需求一定或者需求提升的条件下，竞争机制会激发此部分劳动力市场进行优化配置及质量提升，更加多元、细分或者更高质量的岗位将会被创造出来。

最后，人工智能还有协同效应。人工智能技术对现有劳动力市场的改造并不是一种非此即彼的"零和博弈"，除了"创造"和"消灭"两种作用机制外，还有一种发展路径，即在相互高频率、深层次和长时间的作用以后，产生了一种既包含现有职务"印记"，也包含人工智能"痕迹"的职业（或职务）。这种职业既不同于传统职业，也不属于新兴职业，这个过程称为协同。协同效应有两种基本作用方式，一是原有职业占主导地位，在人工智能技术的辅助下，其工作方式和价值创造方式不但没有发生根本性变革，反而在效率、效能和范围等方面有了显著上提升。二是在技术开发和应用过程中，原有职业根据技术发展需求发生变化，其工作内容和价值创造方式与技术的依存度较高，专精程度更深。第一种方式的典型例子发生在医疗健康领域。医生在人工智能技术的支持下，能够更好地对患者的生命体征进行监测和判断，从而在患者的健康生活方式，以及就医和治疗方面提供更为科学和专业的指导。这时医生的工作方式虽然

---

① 引自 https://www.nytimes.com/2017/06/24/opinion/sunday/artificial-intelligence-economic-inequality.html?_r=0&_ga=2.31149053.372107055.1619421700-1565702950.1575438197。

没有发生根本性变化,但与当前相比已经有了较大改变,其保健和预防的功能在加强,治疗的针对性、系统性和持续性也得到提升。第二种方式的典型例子发生在法律治理领域。人工智能核心算法的推进,需要大量法律人才的支持,以保证人工智能在机器学习、信息采集和加工以及判断和决策过程中,遵循现有法律法规,符合公序良俗,实现人工智能的法治化发展。这类职业虽然源于法律职业,但与技术共生、共长,两者互不可缺、互相依存。

在替代效应、创造效应和协同效应的作用下,人工智能时代的人才培养,必须解决三个问题。第一,具有竞争力的人才应当如何应对以人工智能为代表的高度发达的科学技术,即人才的技术能力。第二,面对高速发展的科学技术,人们应当怎样进行学习,即人才的学习能力。第三,技术无处不在,经济社会生活持续被技术深度改造,面对科技高度充斥的局面,人们在生理和心理层面应当如何应对,即人才的健康能力。

(二) 技术高度发达时代人才技术能力构成——学习、应用、开发与合作

近年来,中国老年群体的比例在不断提升。在日新月异的新时代,老年群体的主要需求已不仅局限于生命健康和医疗保健领域,丰富的社会生活和娱乐生活越来越受老年群体的欢迎。其中,有不少老年人呼吁,要加强对老年人使用手机、电脑和互联网的培训,这些老年人想要熟练掌握网上打车、网上购物、预约购票、金融理财、剪辑和制作音视频等技能。而新技术正在对老年人提出挑战,例

如,在新冠肺炎疫情期间,健康码成为生活必备,这给尚未拥有,以及不能熟练使用智能手机的老年人造成不小的困扰。餐饮、购物,甚至医疗服务中普遍使用的预约功能,也让老年群体早起排队的性价比降至极低。

老年群体面临的困境和提出的诉求,从另一个角度说明,在技术高度发达的时代,全民,尤其是具有竞争力的人才,都必须紧跟技术发展的浪潮。这种"紧跟"不是跟风式的,担心自身落后或者被淘汰而不得已的学习,而是积极探索式的主动学习,这里我们称之为新型技术学习。新型技术学习的显著特点,一是学习目的的转变,二是学习的积极主动性突出。从学习目的上看,实用性和功利性的特征在下降,开拓思维和丰富眼界的目的在提升。新型技术学习是积极主动的,甚至是探索性、创新性和研发性的。经常关注各类技术的创新和发展,快速把握新兴或革新技术的运作方式,好像对当下生活并未起到显著作用;但实际上,这种积极主动的关注可以使"跟风"变为"弄潮",为之后的创新应用技术、跨领域开发和使用技术、最大化发挥技术革新优势等奠定坚实基础。

通常,人们在学习了一项具体的技术之后会迫不及待地进行施展,通过实践过程不断提高对此项技术的熟练程度,从而愈渐得心应手。但在技术高度发达的时代,完成上述过程之前要首先回答两个问题。第一,此技术的应用过程是否具有可重复性?第二,此技术的决策逻辑是否可量化?如果答案都是肯定的,那么这种技能可能会被人工智能学习并掌握,最终人们学习此项技术的所有努力都会被"抹杀"。所以,在技术高度发达的时代,人才技术应用能力应当指向创新应用。创新应用的具体路径有三种。第一，跨领域的应用。由此及彼、多学科交叉的跨领域应用是人工智能技术的弱项，这就决定了未来人才应当具备跨领域应用技术的竞争力。以区块链技术为例，区块链技术最早诞生和应用于金融领域，该技术的应用集中在计算机、数学、金融科技、管理工程等领域。但目前来看，区块链技术在许多非金融领域也可以得到应用，其技术特性能够为许多领域的改革和发展添加助力。而这些领域普遍陷入区块链技术人才不懂应用领域知识、应用领域人才不懂区块链技术的尴尬境地，跨领域应用新技术遭遇困难（曲一帆等，2020）。第二，不可被取代的应用。人工智能的发展离不开对核心算法合法性的规制，不论人工智能有多发达，其开发和应用的合法性与合理性需要管理，在这一方面很难完全用技术取代人类劳动。所以，在各种技术应用的过程中，一些难以被取代的人类劳动，将是创新应用技术的重要领域。第三，应用成效的评估。成果和成效是两个不同的概念，人工智能技术能够自动实现对成果的评估，却难以实现对成效的评估。成效评估在时间维度上超过了实施过程和实施结果的范围，在评价指标上不仅包含效率、结果等相对容易量化和评估的内容，也包括长远影响，认知、价值等难以简单量化的内容。所以，在创新应用技术领域，对技术应用成果长时间、多领域和深层次的成效评估，是难以完全被技术取代的。

一般认为，技术开发是技术专业人才的工作。但在技术高度发达的时代，一方面，技术开发的意义和范围被扩大化了，技术开发的难度降低、周期变短、便利性和操作性极度增强，另一方面，人类劳动可能主要集中在创新创造方面,其余工作均可能被基于效率目的开发的人工智能所取代。在此背景下,技术开发将成为技术能力的重要构成。在技术高度发达时代,新型技术开发不是枯燥的编码工作,而是极具创造性、创新性和探索性的活动,如果缺乏前述新型技术学习和技术创新应用,在这一方面人们恐难具备较高技术修养和技术水平所要求的创新技术开发能力。同时,新型技术开发还需要开发者对当下已经发明的技术、正在改进的技术,以及技术的发展方向等有较为明确的把握,对技术开发后的应用场景有较为清晰的预判。可以说,新型技术开发是新型技术学习和创新技术应用在逻辑上的延展。

技术与人类劳动之间从来不是简单的取代和被取代关系,两者在紧密和深层次的互动过程中,逐渐调试,并在一定历史时期和技术领域,实现共同发展。在技术高度发达的时代,高度发展的人工智能技术,正在快速且大量地取代人类劳动。此时,技术实际上并不是将人类劳动驱逐到某几个狭隘领域,而是在绝大多数领域通过与人类劳动的深度互动,依据效率、公平或其他原则,实现在各个领域的最优配置。也就是说,技术与人类劳动的根本关系是合作。在人工智能技术高度发展的时代,人类与技术的合作能力,是最具竞争力的人才技术能力。

目前而言,中国的基础教育较为侧重记忆与背诵,那么,在人工智能时代,学生的记忆与背诵是否就被完全取代了呢?基础教育阶段的记忆与背诵有三个主要作用:信息录入、促进大脑功能发育,以及促进思维和思想的发展。技术能够取代的,只有第一个功能。就像高校教师普遍感叹的,课堂中学生能够通过互联网快速获取信息或者验证讲台上教师讲述的信息的正确性。对于第二个功能和第三个功能,人工智能技术是不能够取代人类自身的脑力劳动的。此时,合理的技术与人类劳动的配比,一方面是使用技术,弥补和提升人类在记忆方面的相对弱势,另一方面是借助技术,使人类在相对更加擅长的领域发挥更加高效的作用。未来,具有竞争力的人才,不仅需要掌握使用技术的能力、驾驭技术的能力,还要学会与技术合作,发挥各自的比较优势,弥补彼此的相对弱势,在一定目标指引下实现动态化的最优配置。

(三) 技术高速发展时代人才学习能力构成——持续的多领域学习、选择学习和可迁移学习

终身学习的概念已经广为人知,终身学习强调在整个生命周期中,在横向时间维度上的持续学习过程。但是在技术高速发展阶段,这种只强调持续学习时间过程的概念,不能完整表达最优的学习状态。如图 1.1 所示,我们将时间作为横轴、学习领域作为纵轴、点 E 作为平衡点,在点 E_y 之上,我们将其界定为相对多领域或者跨领域的学习,在点 E_y 以下,我们将其界定为相对有限领域的学习。终身学习的理念可以用线 B 表示,即在相对有限领域中持续学习。通过前文的分析可知,在技术高度发达的时代,知识和技术的革新速率将会大大提升,只停留在相对有限领域的持续性学习并不适用于大部分人,只能适用于少部分从事专精领域的人,所以我们将线 B 称为工匠型学习曲线。那么,是不是涉猎越多领域的学习就越好

呢？答案也是否定的。对于图 1.1 中的线 A，可以理解为在一定的时间内，涉猎较多领域的知识。学习领域和学习深度之间通常会存在一定矛盾，在精力和时间既定的情况下，线 A 的学习方式在确保学习深度方面存在一定的欠缺，与线 B 一样，它也不适用于大部分人。线 A 更多适用于在短时间内需要快速掌握多个领域知识的人，所以我们将线 A 称为投资人型学习曲线。介于线 A 和线 B 之间的线 C，是在技术高速发展时代适用于大多数人的学习曲线，即在生命周期中持续的多领域学习。我们推崇的教育和学习方式变革，就是推进线 A 和线 B 向线 C 的渐进，即一方面增加终身学习过程中的多领域学习，开拓学习领域和学习范围，另一方面强调学习的成效和学习的深度，聚焦共性规律和核心知识，构建信息和认知体系，防止碎片化学习。

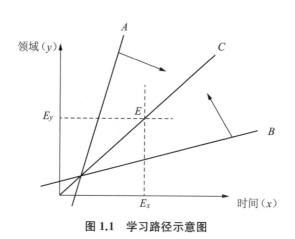

图 1.1　学习路径示意图

持续多领域学习这一概念所要表达的学习方法论，不仅仅包含本书所指的方法，还有很多其他理念实际上也是此概念的具体表征。例如,跨学科学习、培养复合型人才、提高综合素质等。但要想进一步把握技术高速发展时代人才学习能力,还要回答一个问题。这个问题也是上述几个概念没有回答的,即,它们都强调要多领域学习,那么,究竟该选择学习哪些领域呢? 选择的标准是什么? 这指向了本章接下来要分析的另一项重要学习能力——选择学习的能力。

事实上,学习的过程一直伴随着选择,只不过现有的学习机制通过其他方式掩盖了学习选择,例如选择教材、选择专业、选择教师、选择院校等。在未来社会中,信息将极大丰富,甚至会是爆炸式的,知识和学科边界、学校教育与非学校教育边界等日益模糊,当终身持续学习成为个人成长必备之时,选择学习什么知识就成为时刻需要考虑的事情。那么,选择学习能力的具体内容和作用机制是什么? 我们认为,是由自知、它知和修正三个核心要素构成的动态循环往复过程(见图1.2)。

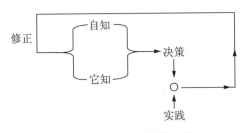

图 1.2　学习三要素循环图

所谓自知,是指对自身的了解。人贵有自知之明,这一点在人工智能时代尤为重要,因为高度发达的技术在很多领域都能够部分或者完全取代人类劳动,人类能够发挥比较优势的领域将逐渐凝练,劳动的个性化特征将更为突出。个人在技术应用以及与技术合作的过程中,必须明确哪些领域是个人与技术相比能够发挥比较优势的领域,这需要深刻了解个人的需求和偏好是什么、个人的信念和价值是什么、个人的目标是什么。所谓"它知",广义来讲是对外界情况的了解,狭义来讲是对技术的了解,即前文所述的新型技术学习。它知是践行自知的重要平台,没有它知的自知是一种虚无的幻想,没有自知指导的它知是一种无方向的乱象。所谓修正,特指通过自知和它知的结合作出抉择以后,在实践中依据效果反馈调整自知和它知,从而作出进一步选择的过程。我们认为,修正在技术高度发达时代的作用,在某种意义上来说可能是最为重要的。学习进程中只有通过不断的修正,才能确保目标的达成。在修正过程中,可能发生多种变化,例如,从 A 到 I 的学习过程中,可能出现偏离(A—B)、停滞(B—C)、逆向(C—D)、反复(E—F)、不相关(F—G)、断裂(F—H)等多种情况,离开修正过程人们将无法确保学习进程的持续性从而无法达成目标(见图 1.3)。

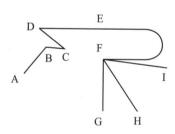

图 1.3　学习"修正"进程图

技术高速发展时代,人才学习能力构成还有一个重要方面,就是驱动学习的能力,即内驱力。内驱力是所有学习过程均要具备的,驱动学习的能力不仅包括广义上的内驱力,其更重要的含义是可迁移学习能力。人力资本理论中的一组重要概念是通用人力资本和专用人力资本。当劳动者意图离开某岗位时需要做两件事:选择及适应新的岗位。选择的过程涉及配置和调动人力资本,适应的过程涉及人力资本的迁移。借用此概念,可以将学习能力分为通用学习能力和专用学习能力。我们认为,在持续的多领域学习时代,通用学习能力不仅需要包括一般意义上的记忆、分析和理解等能力,更重要的是包括可迁移学习能力。从一般意义上说,可迁移学习能力是将在一个领域学习过程中形成和培养的能力转换到其他领域,其目的在于高效适应新领域的各项要求。从更高层次来说,可迁移学习意味着不仅要适应新领域需求,而且需要通过融会贯通和由此及彼,强化人工智能所不擅长的跨领域学习,提升宏观分析和学习的能力。更重要的是,要通过跨领域,实现不同学科间的碰撞,促进交叉创新和综合创新。

(四) 技术高度充斥时代人才生理和心理健康能力构成
——健康生活、压力疏导和人际交往

在技术高度发达和高速发展的时代,作为技术的主要承载体,人们在生理和心理层面面临较大的压力。首先从生理层面来看,人类身体的进化程度显然无法与技术的革新速度相比,人类智力和体力的再生产速率与技术相比有优势,也有较大的劣势。电子设备大量存在于生活之中,为人们创造各种便利性,但同时极大地减少了人类的体力劳动,使得身体机能得不到充分锻炼。以电脑为例,大

量工作需要操作电脑,科学证明,长期伏案久坐对心脑血管系统和视觉系统都极为不利。技术高度发达,也使得人们需要花费相对更长的时间学习技术,这间接减少了人们体育锻炼的时间。虽然人类平均寿命不断提高,但一些疾病发作的年轻化趋势也在时刻提醒人们健康的重要性。健康生活能力是技术高度充斥时代人才竞争力的重要构成,没有健康的体魄,人们不仅难以迎接时代的挑战,更难以在创新创造领域发挥自身优势。

人类在心理层面承受的压力更大。首先,现代社会信息极大丰富,信息冲击对人们的认知、情绪、态度等心理状况会有较大影响,如何应对信息极大化已经成为现代心理教育和心理健康的重要内容。其次,城镇化速度加快,城市人口比例不断提高,城市生活节奏较快,竞争压力相对较大,使得人们在心理层面承受更大压力。最后,技术发展本身也会对人类心理构成多方面的压力。以社交软件为例,人们通过社交软件可以与全世界的人取得联系,但一部分人深陷社交软件之中,忽视了现实中的人际交往,导致部分心理需求持续得不到满足,长此以往极易引发心理健康危机。可以说,压力的来源是多样的且持续的,与其让人杜绝和回避压力,不如建立起合理的压力疏导路径。从目前来看,适度的文体活动和娱乐活动、良好的人际关系、畅通的人际交流、必要的心理健康教育与咨询等,都是较为有效的压力疏导路径。个人必须结合自身特性,选择、建立和高效利用压力疏导路径。

综合上述分析,本章认为,在技术高度充斥时代,具有竞争力的人才必须具备生理和心理健康能力,其中,保持健康的生活,建立有效的压力疏导路径和构建有益的人际交往网络是最为重要的三方面内容。这三方面内容可以说是整个人才竞争力构成的根基,它为其他能力建构提供了有力支撑。在青年群体中这三方面内容更应当受到关注,因为青少年群体的身体和心理仍处于生长发育阶段,尚有一定的提升空间。目前,中国高等教育正逐渐重视对上述三方面能力的构建,高校普遍建立各类体育教育和心理健康教育课程,学生的身心健康已经成为评价教育质量的重要指标。

二、全球化 vs 逆全球化:全球化激荡演进过程对人才竞争力构成的影响

(一) 逆全球化思潮下的全球化进程

新冠肺炎疫情已经在全球范围内蔓延许久,对人类的生存和发展构成普遍威胁。在应对新冠肺炎疫情的过程中,在全球化进程中形成的国际经济政治协作体制和协调机制并未有效发挥作用,国家间的相互协助与配合不仅没有显著增强,反而呈现"分离"的态势。与此同时,国家之间的贸易冲突持续加剧,全球价值链呈现收缩或分裂之态;生产要素的国际流动受到严重影响,人员、资金和货物的流动性大大减少,全球化基础被动摇;部分国家的外交政策稳定性和确定性下降,全球化的支持力量进一步衰减。上述因素从不同的层面助长了逆全球化思潮。

在科技、人文和社会领域的国际交流中遭遇阻碍,也进一步助长了逆全球化思潮。对全球化的认同和参与是保障全球化进程的

重要力量。当前新冠肺炎疫情对科技、教育和人文领域的国际交流造成重大不利影响,这些领域对全球化的影响并不像经济与政治领域那样显著和直接,但从某种意义上说,上述领域带来的影响也许更加深刻且长远。

(二)激荡演进的全球化进程需要新型国际化人才

虽然批判和反对全球化的声音快速增多,相关行为也开始出现,但是全球化的进程并未因此而停止。自由贸易和经济全球化依然是人类社会发展不可逆转的大势(蔡昉,2018)。全球化已经和正在改变世界,当今世界是全球化的世界,国际经济、政治、社会和文化等领域均已被深深打上全球化烙印,世界发展和人类命运被全球化进程紧密联系在一起。全球化进程中出现的问题,只有通过进一步全球化才能解决。全球化将在激荡演进中发展。

在激荡演进的全球化进程中,真正具有国际竞争力的人才,首先应当具备国际理解(international understanding)能力与政治认同能力。在未来,人类仍将处于联系日益紧密的世界,未来全球性事件仍然会发生,更重要的是,其产生、发展和解决都需要跨区域和世界性力量参与,而不是某个或某几个国家所能独立处理的事。我们认为,国际理解能力包括三方面内容。第一,解读和理解能力,是指了解、熟悉和理解世界范围内不同国家、不同区域、不同文化、不同种族和不同宗教信仰等的人们的思考方式和生活方式,对其行为和思想具有解读能力。第二,分析和判断能力,是指在解读和理解的基础上,对其思想和行为发展具有一定的分析能力,能够预判发展趋势。第三,沟通协作能力,是指具备与各国人民交往的技能和素质,能够与世界各国人民在平等互利的基础上,相互合作,促使每个人都能够通过对世界的进一步认识来了解自己和他人。沟通协作能力还特指能够共同协商、认识和处理全球社会存在的重大共同问题。国际理解和政治认同是一对不可割裂的概念范畴,国际理解是在一定的政治认同基础上的国际理解,政治认同是具备一定国际理解能力的政治认同。缺乏政治认同的国际理解容易向不利的极端转化,漠视国际政治的基本现实和国际生活实践;缺乏国际理解的政治认同极易滑向孤立和偏见的极端,无视世界的多元性和多样化,阻碍国际交流合作。

其次,对可持续发展目标与人类命运共同体的理解和认同。全球气候变化和新冠肺炎疫情等国际重大事件表明,世界各国的命运是紧密联系的,世界人民处于命运共同体当中,世界和人类的未来取决于是否能够坚持可持续发展,是否遵循和发展人类命运共同体。在未来的人才竞争力构成中,对可持续发展目标与人类命运共同体的理解和认同将是重要组成部分。这要求人才必须明确可持续发展目标构成,并具备可持续发展视野和可持续发展能力。

人类命运共同体是一种全球价值观,包含相互依存的国际权力观、共同利益观、可持续发展观和全球治理观,是比可持续发展更为广阔和更为具体的价值理念。中国外交部 2020 年 9 月发布的《中国关于联合国成立 75 周年立场文件》指出,"后疫情"时代各方要厘清人类将面对什么样的世界、世界需要什么样的联合国等重大问题,坚定支持多边主义,捍卫联合国权威;维护和平发展,应对百年大变局;参与全球治理,共同整装再出发。这些都是对人类命运共同体理念的具体阐述。

最后,独立思考和批判求证能力。受逆全球化思潮、新冠肺炎疫情全球气候变化等影响,国际政治、经济和社会秩序动荡,国际上出现诸多不和谐的声音。一些国家将经济和社会生活政治化,在多个领域不惜通过制造和传播虚假信息,寻找各类"理由"攻击他方。因此,在人才竞争力培养中必须加强对独立思考能力和批判求证能力的教育。

独立思考和批判求证能力,对个人来说是极为重要的。面对纷繁复杂的外部世界,个人必须保持相对独立的思考能力,能够对外界信息的真实性进行求证,理性批判看待国际社会中的各种现象,并作出正确判断。独立思考能力和批判求证能力是相辅相成、不可分割的。没有批判求证能力,独立思考无从谈起;同样,没有独立思考的精神,个人会沉浸在信息海洋中无所适从,批判和求证能力终究也不能得到良好的发展。就青年群体而言,其在心理和认知方面存在好奇心强、情绪易激动、宏观思维较弱等特点,相对易受外界信息的影响。独立思考和批判求证能力是青年群体的弱项,在青年阶段加强对此类能力的培养,不仅符合其成长与教育规律,也是弥补短板、打造其竞争力的关键步骤。

独立思考和批判求证能力,对社会来说也是极为重要的。当社会成员都具备一定的信息鉴别和信息处理能力时,社会整体风气会向好发展,谣言和虚假信息造成的危害会减少,信息透明度得以提升,民众之间的信息鸿沟也随之缩小。更重要的是,社会成员对共同价值观念的认同度会提高、对社会治理和政府治理的信任度会提升，社会整体凝聚力得到较大保障。

三、经济发展方式转型升级对人才竞争力的影响

（一）产业结构升级对人才能力构成提出的要求——技能高端化

中美贸易摩擦再次提醒人们进行产业结构升级、破除产业发展"卡脖子"环节的重要性。未来中国经济必定向高端化发展，对人才的需求也会高端化。从宏观角度来看，人才高端化需求有三方面内容，一是高端人才数量的增加，二是高端人才的质量提高，三是高端人才的类型丰富。达成上述三方面内容主要有三种路径：一是由"低"到"高"的培养和教育，二是由此领域向其他领域的迁移或转化，三是人才空间流动。从微观来看，人才需求的高端化也有三方面主要内容：一是人才知识的高端化；二是人才技能的高端化，特别是创新能力的提升；三是人才素质的高端化。

从这几个角度来看，未来社会平均受教育年限要持续增加，仍然需要继续提高教育质量，特别是高等教育质量，深化改革教育和人才评价机制，加速构建破除体制机制障碍的终身学习社会。对个人来说，终身学习的落实，则要更加侧重于高端化路径，即知识、技能和素质的不断提升，个人需要持续加大在上述方面的投入，促进高端化发展。

个人知识、技能和素质的高端化提升还有一项重要内容，即跨

领域提升。虽然知识和技能没有边界,但现代劳动分工促进了专业化进程,不同领域对知识技能的运用有很大不同。例如,产业界中的劳动者能够在实践领域积累大量应用型和部分应用研发型知识(或技能),此类人才的高端化进程如果得不到高校和科研机构的支撑,将难以持续。对于产业界的劳动者来说,适时进入高等教育和科研领域,加强理论学习,提高研发型和创新型知识(或技能)的学习,将非常有助于他们在各自领域的高端化发展。因此,有学者提出,在工业 4.0 时代,人才培养应当更加强调基础化、综合化、个性化、实践化,形成通识教育基础上的专业教育人才培养模式(李立国,2016)。

(二)产业结构优化调整对人才能力提出的要求——适应性能力

产业结构升级和产业结构调整是并行不悖、不可分割和相互促进的两个进程。中国在产业结构升级过程中必然伴随着产业结构的调整,而且调整幅度可能是比较剧烈的、深刻的。在产业结构调整过程中,一些产业相对压缩,一些产业快速发展,新业态层出不穷,不同产业间的融合性加强。劳动者也必须预判、应对和适应工作的调整。所以,转化与适应能力,将是产业结构调整优化对人才提出的新要求。

前文提到的高端化发展能力,实际上可以并入转化与适应能力之中。随着数字技术的高速发展,工作所需要的技能也正在被重塑。市场对技术可以取代的较低技能的需求量正在降低。同时,市场对高阶认知技能、社会行为技能以及与更高适应能力相关的技能组合的需求量在持续增加,劳动者自然也需要不断提升自我。

人才高端化需求的第二种实现路径是由此领域向其他领域的迁移或转化,这一点也是转化与适应能力的具体体现。世界银行发布的《2019年世界发展报告:工作性质的变革》指出,在2018年进入小学读书的儿童中,有很大一部分未来将从事迄今尚未出现的职业;即使在低收入国家和中等收入国家中,目前许多人从事的职业在30年前也并不存在。该报告还指出,人们几十年如一日地从事一份工作或者就职于同一家企业的时代正在逐渐消失,数字技术正在产生更多的短期性工作,而不是标准化、固定化的长期工作;人类正在步入"零工经济"时代,个人在自己的职业生涯中将从事多种工作。这种转换不仅体现在不同职业间,在同一行业内部也将发生巨大变化。①

可以预见,在未来社会中,适应能力的溢价将越来越高,人才竞争力的构成将是高级认知技能、高级社会行为技能以及适应性能力的组合。所谓适应性能力,是指响应突发状况以及快速忘记和重新学习的能力。适应性能力不是单一技能,而是能力的组合,是认知技能(比如批判性思维、问题解决能力)和社会行为技能(比如好奇心、创造力)的组合。

正确认识适应性能力有三个主要内容。第一,大量研究表明,人力资本较高的人,越能更快地适应变革。这里的人力资本是一个广义的概念,人力资本的提升是全方位的、持续进行的,这也说明终

---

① 引自 https://openknowledge.worldbank.org/handle/10986/30435。

身学习的重要性。同时,作为人力资本的基石,健康和教育将扮演愈发重要的角色,这也是前文强调人才生理和心理健康能力的原因。第二,坚实的技能基础是培养高级认知技能、高级社会行为技能以及适应性技能这三类技能的重要条件。工作性质的变革要求发展新技能,而获得这种新技能最有效的途径是及早开始培育技能。研究表明,对大多数儿童而言,小学教育与中学教育是奠定这类技能基础的主要途径。第三,重大技能再调整越来越多地发生在义务教育和正式工作之外的领域中。对高等教育而言,一方面,必须协调好通识教育和技能教育的关系,在通识教育路径和技术教育路径之间实现灵活性成为适应工作性质变革的必要条件。另一方面,技术性工作也越来越要求人们使用高阶技能,这意味着人们在工作以前和工作期间需要习得这类技能。

第二章　中国新发展阶段对高校人才培养的诉求

习近平总书记指出,创新的事业呼唤创新的人才。2021 年,在中国共产党建党 100 周年之际,中国如期完成全面脱贫攻坚战任务,中国人民彻底甩掉了"穷帽子",在"十四五"开局之年向 2035 年远景目标迈进。马克思主义一向重视对时代观的研究,并将其作为指导生产实践的根基。马克思、恩格斯从唯物史观根基出发,以"时代"为单位,审视建立在一定生产力和生产关系基础之上的经济社会总体情况,揭示人类社会发展的总体规律。随着 21 世纪马克思主义中国化进程的深化,必须深挖时代观念的本质要求,加深对人才培养的理性认知。在跨过"中等收入陷阱"、向高收入国家奋斗的进程中,经济需要升级转型、高质量发展,社会需要文明进步、引领新风尚,这些都离不开高素质人才的支撑,因而更加需要高等教育加速改革,创新教育评价机制。

一、新发展阶段提升国家安全需要补充青年理想信念之钙

习近平总书记指出："青年人朝气蓬勃,是全社会最富有活力、最具有创造性的群体。党和人民对广大青年寄予厚望。广大青年要自觉践行社会主义核心价值观,不断养成高尚品格,要加强思想道德修养,自觉弘扬爱国主义、集体主义精神,自觉遵守社会公德、职业道德、家庭美德。各级党委和政府要充分信任青年、热情关心青年、严格要求青年、积极引导青年,为广大青年成长成才、创新创造、建功立业做好服务保障工作。各级领导干部要做青年朋友的知心人、青年工作的热心人。"①意识形态安全是国家安全和社会稳定的重要内容,新时代青年培养必须把好意识形态关口,2018 年 10 月8 日,教育部发布的《关于加快建设高水平本科教育全面提高人才培养能力的意见》明确要求:"把国家安全教育融入教育教学,提升学生国家安全意识和提高维护国家安全能力"。②

第一,青年是维护国家安全和社会稳定的重要力量。安全稳定的社会局面是实现国家长治久安的重要保障,在国家经济社会转型的当下,外部环境也愈发复杂,各种问题的交织出现对社会和谐稳定产生了不可忽视的影响,而青年群体则是保障社会平稳转型的一

---

① 引自习近平于 2016 年 4 月 26 日在知识分子、劳动模范、青年代表座谈会上的讲话,http://jhsjk.people.cn/article/28316364。

② 引自教育部文件《关于加快建设高水平本科教育全面提高人才培养能力的意见》,http://www.moe.gov.cn/srcsite/A08/s7056/201810/t20181017_351887.html。

股重要力量。在这种严峻的国际总体形势下,只有强化青年理想信念,强其精神之钙,才能让他们主动承担起实现"第二个百年"的奋斗目标,将自身的聪明才智积极地运用在国家社会主义现代化建设上,为社会的发展进步提供坚实保障。

第二,青年意识形态安全是国家总体安全的重要组成部分。青年对国家安全环境的认知直接关系着新时代国家安全稳定大局。然而,从近五年来该领域学者对当代青年大学生国家安全意识现状的调研结果来看,这一群体的国家安全意识、国家安全素养有较大提升空间。例如,吴跃东(2019)针对沪上高校在校大学生的调研结果显示,大学生虽然对国家安全总体认识比较清晰,但外部场域的复杂形势影响着大学生对国家安全的判断,内部场域的现状影响着大学生国家安全观教育的效果,大学生国家安全意识尚需进一步提升。

第三,高校在国家安全教育上存在较大的提升空间。高校是青年总体国家安全观教育的主体,但从当前来看,青年的国家安全教育仍有不足,可提升空间较大。一是国家安全教育的实施保障制度缺乏规范化,在总体国家安全观提出之后,没有及时跟进相应的教育管理体制、监督体制和保障机制;二是教育内容相对传统、不够全面,仅仅停留在传统国土安全层面,对信息安全、生物安全、社会安全等非传统安全重视不够;第三,以传统的灌输说教和平面宣传为主,适应青年视听习惯的新媒体全媒体应用非常有限。同时,还存在师资匮乏,经费保障不足等情况。

2020年9月17日,习近平总书记在湖南大学岳麓书院考察调研时寄语青年学子:"希望同学们不负青春、不负韶华、不负时代,珍惜时光好好学习,掌握知识本领,树立正确的世界观、人生观、价值观,系好人生第一粒扣子,走好人生道路,为实现中华民族伟大复兴贡献聪明才智。"①因此,从提升意识形态安全角度出发,必须准确把握新时代大学生国家安全观的生成规律,将其纳入高等教育人才培养和综合素质评价的全过程。

一是要准确把握青年国家安全观的认知前提是准确把握世情、国情、党情、民情。正是在牢牢把握当前世界与中国的基础上总体国家安全观应运而生:和平和发展是当今世界形势的基本特征和发展趋势,这为总体国家安全观提供了时代依据和世情基础;中国进入了新时代,但仍处于社会主义初级阶段是总体国家安全观的国情依据;中国共产党长期执政和治国理政基本规律是形成总体国家安全观的根本政治遵循和党情基础;坚持以人民为中心的发展思想,保障人民对美好生活需要是总体国家安全观的民情基础。在后疫情时代,世界秩序发生深刻变化,中国面临的外部环境更加复杂,治国理政和国家治理面临严峻考验,满足人民美好生活需要必须面对经济下行压力。因此,准确把握当下的世情、国情、党情、民情出现的新情况和新问题,及时化解大学生的思想困惑,筑牢国家安全这个"思想堤防",是高校国家安全观教育的重点课题。

二是要充分认识青年国家安全观的情感基础是爱国主义和忧患意识。认知需要以情感为基础,青年对国家安全观的感知首先来自中华传统文化中绵延不断的爱国主义和忧患意识。随着经济全

---

① 引自习近平在湖南大学考察时的讲话,http://jhsjk.people.cn/article/31866667。

球化、文化多元化、社会信息化的深入发展，青年容易受到西方狭隘的"全球主义""超民族主义"等观念的冲击，爱国主义和国家认同有下降风险。此外，忧患意识是中华民族爱国主义传统的底色，"先天下之忧而忧"一直是中国传统知识分子的自我超越，青年在国家安全意识中必须增强忧患意识，做到居安思危。激发中国青年的新时代爱国热情和忧患意识必须找到这些共识凝结点。

三是要坚定明确青年国家安全观的核心要义是树立"四个自信"。巩固国家安全，不仅需要对中国与世界发展大势的认知和情感基础，还需要信心和信念，以及对制度和治理的深度认同，这集中体现为坚定"四个自信"。坚持和发展中国特色社会主义是新形势下治国理政的主题，更是现阶段中国各族人民的共同理想和坚定信念。维护国家安全，拥护国家权威，不仅要有科学认知和真挚情感，还需要有现代社会普遍的制度建构和理论成果，制度本身是文化和历史的特定产物，是人民的自主选择，而理论成果又反映了一个民族和国家的文明程度。不存在各国通用的制度和理论，具备成熟主体理性的共同体才能产生成熟的现代文明。因此，青年大学生要自觉担当国家制度和国家治理的拥护者，让文明和理性浸润心灵与大脑。

四是要清醒意识到青年国家安全观的实践落脚点是生成追梦圆梦能力。习近平总书记在首个全民国家安全教育日之际指出："国泰民安是人民群众最基本、最普遍的愿望。实现中华民族伟大复兴的中国梦，保证人民安居乐业，国家安全是头等大事。"在新冠肺炎疫情期间，在全国抗疫的第一线，广大的"80后""90后"医护人员和社区工作者等不计个人安危,以青春谱写了最美逆行曲。在后疫情时期,全国最重要的工作就是在确保安全的情况下加速经济社会发展转型升级,加快重大核心技术攻关,办好自己的事,以应对波谲云诡的国际形势变化。在此背景下,一方面,青年作为未来社会的脊梁,要抓紧利用时间不断充实自己,以报国心砥砺自己;另一方面,青年作为创新创业生力军,要瞄准新技术应用和社会服务需要,为社会可持续健康发展贡献青春力量。

二、新发展阶段经济社会高质量发展需要培养青年创新能力

习近平总书记指出:"中国特色社会主义进入新时代,即将在决胜全面建成小康社会、决战脱贫攻坚的基础上迈向建设社会主义现代化国家新征程,党和国家事业发展迫切需要培养造就大批德才兼备的高层次人才。"[①]

青年始终是推动历史发展的重要力量。21 世纪以来,伴随信息化时代的到来,青年群体已经走向社会中心舞台,社会网络化和青年化趋势愈发明显,青年在社会发展中的地位和作用被不断凸显。目前,世界各国都愈发清醒认识到,谁拥有了青年,谁就拥有了在国家竞争中的优势地位,也就拥有了靓丽的明天。例如,2017 年 1 月,非洲联盟委员会主席祖马在第 28 届非盟首脑会议开幕式上表示,青

---

① 引自习近平于 2020 年 7 月 29 日就研究生教育工作作出的重要指示,http://jhsjk.people.cn/article/31803059。

年人口是非洲的比较优势,必须把他们转变为人口红利。国家主席习近平在联合国总部的讲话中提到,历史和现实都告诉我们,青年一代有理想、有担当,国家就有前途,民族就有希望,实现中华民族伟大复兴就有源源不断的强大力量。①因此,我们要清醒地认识到,青年不仅是民族复兴的重要力量,也是维护国际和平发展最可信赖的力量,必须从国家和民族兴衰的战略高度以及全人类共赢共享的大局出发,与各国政府和国际组织一道团结引领全球青年携手合作、凝聚共识、激发智慧、相向而行,共同为解决全球人类发展危机贡献青春力量,担负起历史赋予当代青年人的时代重任。

青年是创新创业的重要主体,是促进世界合作共赢的坚定力量。2020 年 8 月 17 日,习近平总书记在致信祝贺全国青联十三届全委会全国学联二十七大召开时强调,"我国广大青年要坚定理想信念,培育高尚品格,练就过硬本领,勇于创新创造,矢志艰苦奋斗,同亿万人民一道,在矢志奋斗中谱写新时代的青春之歌。青联和学联组织要紧跟时代步伐,把握青年工作特点和规律,深化改革创新,组织动员广大青年和青年学生坚定跟党走、奋进新时代,为党和国家事业发展作出新的更大的贡献"②。创新创业活动是经济发展和社会进步的重要形式,在经济社会发展历史阶段,各国都高度重视创新创业在激发经济活力、提供就业岗位等方面的重要作用。整体而言,创新创业活动是最具活力、吸引力的活动,同时也是充满风险

---

① 引自习近平:《共同构建人类命运共同体——在联合国日内瓦总部的演讲》,《人民日报》2017 年 1 月 18 日。

② 引自习近平给全国青联十三届全委会全国学联二十七的贺信,http://jhsjk.people.cn/article/31825594。

的活动,这需要客观环境的支持和创业者的主观心理方面,加上良好的外部制度环境和较为自由的国际经济环境,这样才能让这些双创型企业在公平公正的市场环境中生存发展,在全球化市场平台上吸引资金、技术、人才、服务和产品订单等。清华大学发布的《全球创业观察 2015/2016 中国报告》称,G20 集团成员加拿大、美国、英国和德国的创新企业比例分别为 36.10%、36%、36%、34.2%;中国目前创新企业比例是 25.8%,创业活动的主体是青年,占创业者总体比例的 41.67%,与上述发达经济体相比还有很大的发展空间。习近平总书记强调,发展是第一要务,适用于各国,各国要同舟共济,而不是以邻为壑,要抓住新一轮科技革命和产业变革的历史性机遇,转变经济发展方式,坚持创新驱动,进一步发展社会生产力、释放社会创造力。[①]因此,无论是发达经济体,还是中国等新兴经济体,其创新企业在发展壮大过程中都需要极大地依靠国际经贸创造合作共赢的发展环境,青年企业家和全球各地投身创新创业青年群体将是促进国际经济继续开放合作、多方共赢的坚定力量。

三、新发展阶段构建人类命运共同体需要培养青年 全球领导力

逆全球化思潮在欧美等国家的青年群体当中蔓延,说明这一群体目前仍然缺乏对自身在全球化进程中角色的清醒认识。习近平

---

① 引自习近平:《共同构建人类命运共同体》,《习近平谈治国理政(第二卷)》2017 年 11 月第1 版,第 542 页。

总书记指出："构建人类命运共同体是一个美好的目标，也是一个需要一代又一代人接力跑才能实现的目标。"[①]青年人作为世界的重要参与者，理应树立起人类命运共同体意识，责无旁贷地做好构建人类命运共同体的接力者，将这个接力棒接稳传好。

青年是先进文化的重要创造者和积极传播者，是促进世界交流互鉴的先锋力量。在和平年代，青年影响社会进程的主要方式是文化。青年亚文化是青年群体基于共同兴趣和价值来表达自我、介入和影响社会的文化实践，它与社会主导文化之间既具有相异的、抵抗的、偏离的一面，又具有互动的、依赖的、融入的一面，并构成社会总体文化不可或缺的组成部分（陈霖，2016）。随着战后对"文明""进步"等观念的反思，后现代化思潮逐渐解构传统文化，大众文化的变迁对经济社会生活产生了深刻影响。一方面，西方社会过度追求经济发展繁荣的"文明观"受到挑战，被经济力量冲击的道德、价值观等重新进入公众视野；另一方面，以"西方尺子"衡量全球的观念被颠覆，文明多样性和各国发展道路的自主选择成为国际社会共识。青年人借助互联网等新兴技术极大地助推了这种文化变迁，并在社会转型和文化变迁的过程中塑造了当代青年文化开放包容、追求自由、标榜创新、批判传统等时代内涵，新兴技术也放大了青年文化的创造性、传播性和渗透性等外在特征，使其成为其他社会群体文化流变的牵引力量，人类社会进入"后喻文化时代"。因此，在推动全球青年合作的过程中，必须充分认识到青年文化在全球文化版

①　引自习近平：《共同构建人类命运共同体——在联合国日内瓦总部的演讲》，《人民日报》2017年1月18日。

图中的特殊地位和作用,重点把握当代青年文化的本质属性和时代特点,为构建人类命运共同体找到深厚的社会群体基础和文化载体。

构建人类命运共同体是抵制逆全球化蔓延的必然选择,而青年是构建人类命运共同体的重要接力者。因此,只有为青年群体创造合作共赢的良好环境,促进青年形成全球联动合作网络,才能加快人类命运共同体的构建,从而解决好逆全球化思潮抬头并蔓延的问题。

其一,以开放文化引领青年的全球合作。经济全球化改变了传统文化格局,任何国家都无法让本土文化隔绝于世界其他文化,"世界各国精神产品的交流和交换,是各国文化的相互影响、吸收、融合以及矛盾和斗争"。在培育开放文化的进程中,政府、高校和媒体都应扮演重要角色。政府相关部门应该加强青年国际交流支持,重点打造旨在促进全球青年合作的论坛或组织;高校应该积极培育开放的校风文化,设计青年教师国际化发展路径,构建优势学科的国际话语权,通过课程和课外活动着力培养青年大学生的全球视野、国际交往能力,使其努力具备参与全球竞争的职业发展能力;媒体要认真学习习近平总书记"党的新闻舆论工作座谈会"讲话精神,牢记媒体人的使命担当,积极传达当代中国开放发展的正面形象,促进全社会形成开放、多元、包容的文化气象,为青年开展国际合作创造开放包容的舆论氛围。

其二,培养具有世界眼光和中国情怀的青年马克思主义者。凝聚全球青年的智慧与力量,首先需要培养具有国际视野的中国青年,尤其是要培养能够担负起民族复兴重任和建设中国特色社会主义事业的青年马克思主义者。2020 年 6 月 27 日,习近平总书记在给复旦大学青年师生党员的回信中,勉励广大党员,特别是青年党员"认真学习马克思主义理论,结合学习党史、新中国史、改革开放史、社会主义发展史,在学思践悟中坚定理想信念,在奋发有为中践行初心使命,努力为实现'两个一百年'奋斗目标、实现中华民族伟大复兴的中国梦贡献智慧和力量"。[①]青年马克思主义者应该具备世界眼光,就是要求青年对世界持有开放包容的态度,牢固树立人类命运共同体意识,从世界发展潮流角度观察并思考中国的制度建设和价值选择,锻炼国际交往和参与全球竞争的能力;青年马克思主义者应该具备中国情怀,传承好中国优秀文化,立足中国的现实国情,担当中国发展的重任,从中国发展需要出发推进与世界各国的友好交往,牢固树立道路自信、理论自信、制度自信和文化自信,将所学知识转化为解决实际问题的真本领。

其三,拓展青年讲好"中国故事"的国际话语能力。习近平总书记在党的新闻舆论座谈会上要求:增强国际话语权,讲好中国故事。话语作为一种经过较长时间历史积淀形成的社会文化语码,不停地在构建这人类的历史文明,并以各种言说表现的形式潜在地制约着人们的思想和行为,影响着人类关系的更迭、解构和重构(钱圆铜,2011)。一个国家的国际话语权是对社会发展事物和国家事务发表意见的权利并体现知情、表达、参与权的综合运用(梁凯音,2010)。我们要培养青年的国际话语能力,担当宣传阐释中国当代发展的青

---

① 引自习近平给复旦大学青年师生的回信,http://jhsjk.people.cn/article/31765688。

春使者。一方面,要积极在高校系统有计划地开展青年大学生国际话语能力的教育工作,制定培养和评价的指标体系,结合外语教学系统开展国家话语表达能力、多语言能力、跨文化交流能力的培养工作,把青年的国际话语权拓展作为国家的国际话语权建设的重要组成部分;另一方面,在中华文化"走出去"整体工作中,构建青年文化交流国际平台,加强青年国际话语权的话语平台建设。此外,要引领国内青年亚文化充分吸收国际先进文化,从价值观念、关注焦点、语言形式等方面提升话语内容的可接受性和国际融通性(王宇航、宋成方,2017)。

其四,建设青年创新创业的全球化网络。在美国《美国新闻与世界报道》、BAV顾问公司和宾夕法尼亚大学沃顿商学院联合举办的"最佳国家"排名中,中国名列最佳创业国家中的第二名,充分证明了中国政府"双创"政策对创业环境的优化和创业活动的促进效应。大众创业、万众创新不仅是推动中国经济转型和增长的重要引擎,也是提高中国国际影响力、推动世界经济增长的重要动力。在创新创业人群中,城市青年占据大多数。在全球化中,城市全球化更青睐于城市,因为城市有能力成为配置全球经济资源流动的节点(Lowe and Marriott,2006)。在推进人类命运共同体建设中,应该发挥创业青年的作用,建设一批国际化的城市创业区,使得青年通过创新创业活动与世界其他各地的创业青年和技术型青年人才密切交往,以全球青年创业共同体的构建助力人类命运共同体建设,筑牢青年全球合作网络的事业基础(王宇航,2014)。

第三章　高校学生评价的历史变迁与时代回应

　　培养创新人才是经济社会发展的必然要求,是世界各国都高度重视的兴国战略。发达经济体较早注意到创新是经济持续发展的重要影响因素,并从大学人才培养和学生评价等基础维度推进对这个问题的研究。改革开放以后,中国高校创立了思想政治教育学科,将学生综合素质评价纳入考核对象。20世纪末以来,中国高度重视素质教育和创新人才培养。党的十八大作出培养创新创业人才的战略部署,国务院办公厅于2015年5月发布《关于深化高等学校创新创业教育改革的实施意见》,提出将创新创业能力作为高校人才培养质量的重要指标,修订专业人才评价标准,细化创新创业素质能力。各高校探索创新创业教育融入人才培养体系,在价值导向、机制保障方面引导大学生开展创新创业活动。

一、国外高校学生评价的实践探索和理论研究

　　现代经济社会的进步是由不断创新发展推动的,社会劳动力的技能和素质结构至今仍是决定社会发展创新的第一人力要素。2021 年 3 月,美国《侨报》一篇报道引起了国内热议。美国、中国、俄罗斯和印度等国家的机构共同发起了一项针对在校大学生的素质能力测试(supertest),跟踪了计算机科学和电子工程专业学生在数学、物理和批判思维能力等方面的发展情况,并对四国的大学生进行横向比较研究,相关研究成果已经发表在国际著名学术刊物《自然人类行为》上。超过 3 万名学生参加了测试,样本来自精英大学和大型大学,每个国家学生样本数量相近,学生接受了 3 次测试,结果发现,中国的大学生在大学期间批判思维能力和物理、数学能力有所下降。中国、美国、印度和俄罗斯的工程专业在世界上发展较好,很大程度代表了世界技术的进步,因此谁在教育领域表现好就决定了谁能赢得未来。[1]

　　由于社会制度和教育体制的差异,欧美发达国家对大学生的评价主要是针对学业能力(scholastic ability)的评价,较少进行包含全部素质能力在内的综合素质测评,评价研究人员主要是心理学、高等教育学、管理学学者和高校学生事务管理研究者,研究视角包括教育评价、认知心理学、创业学和学生发展等。因此,我们以国外大学生评价整体研究为考察对象。

---

　　[1]　引自 https://new.qq.com/omn/20210303/20210303A0208U00.html。

　　虽然古希腊和中古时期欧洲有一定的教育评价方式,但现代学生评价体系的萌芽、发展和成熟却出现在美国。斯坦福大学理查德·莎沃森(Richard J. Shavelson)教授认为大学学生评价划分为四个阶段:标准化考试起源阶段(1900—1933 年),通识教育和研究生教育学习评估阶段(1933—1947 年),测试机构大量出现阶段(1948—1978 年),回应外部问责的时代(1979 年至今)。在各阶段,专业研究者分别对标准化教育测评、学生评价基本原则与方法、形成性评价和替代性评价等评价模式展开深入研究。

　　大学生评价的实践与研究在每个发展阶段都受到某种社会思潮和科学理论的深刻影响,百余年的学生评价实践与研究的理论基础演进基本路线为:古典行为主义、科学管理思想—杜威教育思想—高等教育大众化理论—多元智能理论、建构主义、后现代主义等。

　　学生评价由早期的教育测量、经典的教育评价发展至今天的多元化评价观,有众多学者对此进行了深入研究。包括"教育测量运动之父"桑代克(E. L. Thorndike)所著的《心理和社会测量理论简介》(*An Introduction to the Theory of Mental and Social Measurements*, 1904),美国著名学者泰勒(R. W. Tyler)所著的《评价总说明》(*General Statement on Evaluation*, 1942),美国著名教育家布鲁姆(B. S. Bloom)所著的《教育目标分类(认知领域)》(*Taxonomy of Educational Objectives*(*Cognitive Domain*, 1956),美国著名教育心理学家罗伯特·米尔斯·加涅(Robert Mills Gagne)所著的《学习的条件》(*The Conditions of Learning*, 1970),美国哈佛大学教授

霍华德·加德纳（Howard Gardner）所著的《心绪》（*Frame of Mind*，1983），日本著名教育家梶田睿一教授所著的《教育评价》（1988），古贝和林肯（E.G. Cuba and Y.S. Linclon）所著的《第四代评估》（*Fourth Generation Evaluation*，1989），詹姆斯·贝兰卡（James Bellanca）等人所著的《多元智能的多元评估》（*Multiple Assessments for Multiple Intelligences*，1997），豪恩斯坦（A. Dean Hauenstein）所著的《教育目标的概念框架：传统分类学的整体方法》（*A Conceptual Framework for Educational Objectives：A Holistic Approach to Traditional Taxonomies*，1998），艾伦·韦伯（Ellen Weber）所著的《怎样评价学生才有效》（*Student Assessment That Works：A Practical Approach*，2000）。2004年，为回应创业能力培养需求，美国创业教育联盟（the Consortium for Entrepreneurship Education）发布《创业教育国家内容标准》（*National Content Standards for Entrepreneurship Education*），成为大学生创业能力评价的经典文献。

综合分析美国、欧洲、日本等国家和地区的学生评价研究，我们发现，学者们的研究随着经济社会发展对人才培养要求的变化而不断变迁。一是评价目的：由早期选拔学生发展到服务学生全面发展、提升教学质量乃至高等教育改革。二是研究范畴：由早期的学业评价发展为认知评价、学习素养评价、课堂评估、核心技能评估和创业能力测评。三是研究趋势：由关注学生记忆、陈述等低阶单一维度能力训练向批判思维、解决问题能力、组织协调能力等高阶多维能力生成的总体方向发展。四是研究方法：由单一的量化的实证研究方法向质性研究方法、混合研究方法等方向发展。五是研究价值倾向:由追求客观评价的真实准确发展到更加注重学生个体自我评价的作用。六是研究进路:由早期的统计学、教育学扩展到心理学、管理学、社会学等多学科进路。

表 3.1　国外大学生评价研究学术史梳理简表

研究阶段	标准化考试起源阶段(1900—1933 年)	通识教育和研究生教育学习评估阶段(1934—1947 年)	测试机构大量出现阶段(1948—1978 年)	回应外部问责的时代(1979 年至今)
代表人物	桑代克、库尔曼、斯通、特曼、马修斯	泰勒、艾金	布鲁姆、克拉斯沃尔、加涅、哈罗、辛普森、德雷斯尔	加德纳、古贝、林肯、豪恩斯坦、韦伯、博耶、阿特、克罗斯、尼尔
评价目的	人才选拔	提升教学质量	创造适宜学生的教育	促进学生个体发展
理论基础	古典行为主义科学管理思想	杜威教育思想	高等教育大众化理论	多元智能理论、建构主义、后现代主义
研究范畴	标准化教育测量	学生评价原则和方法	教育目标分类、核心技能、价值增值	替代性评价、多元评价模式、高阶能力、创业能力
研究成果	教育测量理论	泰勒原理	教育目标分类学、形成性评价理论、CIPP 模式理论、应答模式理论	多元智能理论、替代性评价理论、第四代评价理论、创业能力评价体系

二、高校学生综合素质评价的实践进展与学科研究

大学生综合素质评价是大学生评价中的一类。自改革开放以来,基于对高等教育人才培养和素质教育规律认识的深化,中国高

等院校逐渐形成了大学生德、智、体三方面综合培养的学术共识和评价机制,《大学生行为准则》《普通高等学校学生管理规定》等文件就体现了这一思想。这一高校人才培养和学生评价实践中的中国特色社会主义教育制度设计,经过几十年发展已经积累形成了一系列规范理论。

(一) 国内研究概况

虽然新中国成立后各类学校存在学生评价实践,但学术界对其缺乏系统研究,我们仅从改革开放后的时间段进行整体考察。改革开放后的相关实践和研究可以划分为:(1)探索阶段(20 世纪 80—90 年代),推进教育体制改革,开始关注素质教育,探索学生评价研究;(2)发展创新阶段(1999—2012 年),高等教育进入大众化阶段,全面推进素质教育,提出并逐步完善大学生综合素质评价体系;(3)深化变革阶段(2012 年至今),在经济社会深化改革背景下,开展创新创业人才培养和新的人才评价体系研究。

人的全面发展及马克思主义中国化理论是指导大学生成长成才和开展科学评价的坚实理论基础。一是人的发展具有全面性、主体性,教育是造就人的全面发展的重要途径;二是与时俱进的马克思主义中国化理论为培养德育为先、能力为重、全面发展的大学生提供了丰富的理论指导。此外,高等教育学评价理论以及国外大学生评价理论也为大学生综合素质评价研究提供了丰富的理论滋养和学术借鉴。

国内研究大学生综合素质评价的相关学术研究呈现出如下态

势:一是有关大学生综合素质评价研究的著作处于探索阶段。朱江、张耀灿教授在《大学德育概论》(1986)中提出了高校德育工作对大学生综合素质能力培养的系统作用,潘懋元教授在《高等教育学》(1984)的"学生学业评价"等章节提出了学生评价思想。近年研究大学生评价的专著(编著)陆续出现,包括孔国庆教授所著的《大学生成长评价研究》(2011)、田友谊副教授编著的《当代学生评价的理论与实践》(2012)、赵飞教授等人所著的《大学生思想道德水平评价的理论与实践》(2013)、胡锋吉副教授所著的《高校学生评价研究:英国的实践》(2014)、廖桂芳和徐园媛教授主编的《大学生综合素质评价体系构建》(2013)、潘玉驹教授等人所著的《学生评价的理论与实践》(2015)。二是有关论文研究不断增加。截至 2021 年 3 月,以大学生综合素质评价为主要研究对象的硕士学位论文和博士学位论文达 40 余篇、中国知网收录相关论文近 300 篇。包括黄殿臣的《大学生综合素质评价体系的研究》(2003)、甘泉的《高校学生综合素质评价的功能与原则》(2008)、魏晶等的《以促进发展为目标的大学生综合素质评价——第二课堂成绩单建设理念和实践》(2018)、肖永良等的《高校大学生综合素质评价框架研究》(2020)等,但总体来说论文数量不多,而且系统性研究较少。三是国外相关领域专家,包括泰勒、布鲁姆、加涅、加德纳、古贝和韦伯等人的引进版著作,这些著作对国内研究和实践起到了一定的推动作用。四是近年来大学生评价中引入创新创业能力评价成为研究成长点,郑永廷等人在其著作《大学生自主创新理论与方法》(2006)中便较早开始深入系统研究大学生创新素质能力的基本要素以及高校促进其生成的工作机制,同济大学原党委书记周家伦教授在《创新型人才培养与大学生综合素质教育》(2006)一文中提出,培养创新人才必须全面建立大学生教育质量保证体系,北京航空航天大学董卓宁博士等人在《大学生综合素质评价体系构建与实施方法研究》(2012)一文中,从理工科大学实际出发,提出了包含实践创新素质的大学生综合素质评价新体系。

(二) 经济社会科技进步和对外开放对学生评价的诉求

伊广英(2012)认为,马克思主义科技思想系统地阐述了科学技术的产生、发展规律及其对自然和社会等领域的相互联系,为培养大学生科技素养指明了方向,高校应制定科技素质考核评价体系,对学生参与科技活动和达到科技素质量化标准给予一定鼓励。他还指出,高中对文理科的划分致使中国文科大学生科技基础薄弱,因此高校应重视文科学生的科技素质培养,引导学生崇尚科技创新并提高科学精神。

关于科技进步对大学生创新能力培养和评价的影响,吴时明(2008)认为科技素质培养是适应知识经济的需要,是构成大学生创新能力的要素,加强大学生科技素质的创新培养,必将有效提高其创新能力,从而使之有能力在具体事务中看准方向,理性思考,运用科技成果去争取管理与决策创新的成功。吴时明(2008)认为,应从科技素养培养内容和培养实践两个方面入手,提高文科大学生的科技素养。从文科人才的工作特点、生活需求和大学教育的可行性等方面加以综合考察,文科大学生科技素质培养内容的创新主要有四个方面,即科技知识、科技手段、科技思想、科技文化,分别对应面对科技进步所需要的科技知识准备、手段准备、思想准备和文化准备。培养实践创新可以分为选择制度层面、课程体系、教育功能和科技文化活动方面。赵娜(2015)认为,重视对大学生科技素养的培养是科技进步、国家创新战略等的时代发展需要,是大学生提高综合素质、适应社会需求的需要,是增强大学生就业竞争力的必然要求。江胜尧(2009)认为,当今世界各国综合国力竞争的核心是知识创新、科技和高新技术产业化,21世纪科技创新将进一步成为经济和社会发展的主导力量。公众的科学文化素质事关民族的前途和命运,一个国家的公众科学素养水平将影响该国的国际竞争力。此外,人的科技素质有助于人适应经济、社会与科技的进步,从而更好地生存、发展、提高并实现人生价值;使人能够适应知识经济时代的科技进步,以及应对工作、学习和生活方式的变革。原成成(2016)认为,全面提升大学生科技素质是建设创新型国家的现实需要,创新是推动科技进步、实现中华民族伟大复兴的历史要求。只有从高等教育的发展规律出发,运用全新的教育理念,将科技创新意识、能力等作为素质教育的重点内容,建立科技创新活动体系,培养并提高大学生科技素质,才能发挥高素质人才的智力优势,加快推进创新型国家的建设历程,满足中国建设创新型国家的现实诉求。王海涛(2019)指出,智能制造作为新型生产方式,融合了新一代信息通信技术与先进制造技术,贯穿设计、生产、管理、服务等制造活动的各个环节。然而现行高等教育培养的人才却难以满足中国制造业智能化进程的需求,高层次工程科技人才的缺乏严重制约了中国智能制造产业的发展。王海涛(2019)结合机械工程学院专业类实验室的建设实践,建议探索一种"能力优先、多元支撑、项目驱动、产业协同"的人才培养新模式,以促进产教融合与校企合作,从而提高学生的实践能力和创新意识。

科技创新直接对大学生创新能力提出了新的挑战,同样也深刻影响了大学生综合素质的生成。钟秉林等(2019)认为,大数据技术的进步更加呼唤从知识本位向能力本位的转变,需要养成学生理解信息、分辨信息、整合信息的信息化素养,并进而形成整体的人生观、世界观和宇宙观。因此,创造性思维和批判性思维的培养,显得更加重要。姜秀华(2002)指出,科学技术是第一生产力,现代科学技术使劳动资料、劳动对象和劳动者这三方面都发生了根本性变化。科学技术发展的特点和趋势,对作为未来劳动者之一的大学所培养的人才的素质,提出了新的要求:一是厚基础、宽口径的专业知识素质;二是多方面的综合能力素质,包括实践动手能力、科研能力、社会适应能力,以及技能、管理、处理事物、社交人际等方面的能力;三是信息处理能力素质,包括获取、处理和利用各种信息的能力,以及使用先进信息工具的能力和在信息化环境中工作、学习和生活的能力;四是科技国际化的思想品质能力素质,包括较强的外语能力和公关能力、和谐的人际交往能力、较高的思想道德素质及爱国主义觉悟;五是集体主义的精神素质,包括共同携手、通力合作、集体研究攻坚的集体主义精神和合作共事的素质;六是创新意识和创新能力,包括知识摄取、重组、加工、处理和运用等能力,发现问题、积极探求的心理取向及开创进取意识,以及主动改变自己、改变环境的应变能力,等等。张赟、王小凡(2020)认为,现代科学的发展改变了政府和其他社会组织的责任和义务,接纳科学、发展科学和应用科学,已经成为每一个在新时代寻求发展的国家的最为核心任务。大学科学教育需要培养更多具有科学精神和批判性思维能力的人才。杨劼(2020)认为,区块链技术将推动学力认定替代学历认定,例如前几年上海推出的"学分银行"。现有的学历认定政策虽然具有标准明确、公信力高等优点,但是对学习习惯、发展潜力、岗位适用性等方面缺乏精准评价。

关于中国经济高质量发展要求大学生创新能力和综合素质培养的影响,李燕(2020)以 2008—2017 年 19 个副省级(含)以上城市的经济指标数据和前置一年的高校科技创新指标数据为样本,应用固定效应模型分类实证分析了城市经济高质量发展与高校科技创新能力之间的关系,并进一步分析了高校科技创新产出因素对城市经济高质量发展的影响。研究结果发现:从总体来看,高校科技创新对城市经济高质量发展有显著的促进作用,尤其是高校科技创新人才的培养(研究生毕业人数)是重要的正向影响因素。任保平、苗新宇(2021)认为,当前中国经济已由数量型增长阶段转入质量型增长阶段,随着国内国际经济环境和经济形势的深刻变化,旧经济动能已趋向枯竭,传统经济模式已无法支撑未来中国经济发展的需要。新动能培育是"十四五"时期中国经济实现高质量发展所面临的重大课题。他们建议通过整合各类社会资源和完善科教体系,加强对创新型人才的培养,并积极破除传统体制机制对创新型人才发展的限制,吸引广大青年学子主动投身科技创新事业。

　　高等教育国际化是中国对外开放的重要内容,也是促进大学生综合素质评价更多吸纳国际化指标的重要推动力。袁红(2017)认为,当今国际经济形势的发展和全球一体化进程的加快,使得国与国之间的合作越来越密切,随之而来的竞争也愈演愈烈。人才是竞争力的重要来源,因此,扩展国际化的办学理念与思路、培养高素质的创新型国际化人才、推进高等教育的国际化,成为高等教育改革发展势在必行的道路。她认为在当今时代背景下,国际化人才可以概括为"拥有全球性的意识和思维,国际一流的知识结构和综合能力,在国际合作和竞争中善于把握机遇、争取主动,能为人类贡献智慧和力量的高层次人才",这些国际化人才具备国际化的思维视野、知识技能和活动能力。文君(2015)认为,"一带一路"建设项目的实施不仅要靠硬实力,还要靠软实力,其中最重要的推动力量是人才,没有适应国际化环境的新型人才,就难以敲开别国市场的大门,难以在"一带一路"建设中掌握话语权。在"一带一路"建设中,"亚投行"、金砖银行、丝路基金纷纷设立,更是将中国的国际化进程推向了新的高度,从而对高校国际化人才培养提出了更高要求,中国国际化人才培养的不足日益显现,高校在国际化人才培养方面需要与时俱进,转变思路,实现国际化人才培养从量到质的飞跃。朱有明(2013)指出,自中国—东盟自由贸易区建成以来,东盟国家已经成为中国企业"走出去"的首选地之一,越来越多的中国企业到东盟投资兴业,所涉投资领域不断扩大。西港经济特区作为中国通向东盟的窗口和桥梁,除了自由贸易区的贸易、金融、物流等方面的优惠政策体系外,国际化的人才保障显得尤为重要。面对企业竞争全球化和全球贸易开放的大环境,面对国内、国际市场两线作战的局面,面对缺乏国际竞争力的自身情况,中国企业在"走出去"发展的道路上,急需引进国际化人才,包括通晓汉、英、柬等多方语言和商贸知识的翻译人才、掌握国际行业和企业运行机制的管理类人才、具有国际经验的专业技术人才等复合型国际人才。

表 3.2　国内大学生综合素质评价研究学术史梳理简表

研究阶段	探索阶段 (20 世纪 80—90 年代)	发展创新阶段 (1999—2012 年)	深化变革阶段 (2012 年至今)
评价模式	以学业评价为主	德智体三维综合素质评价法	体现创新创业人才培养要求的大学生综合素质评价机制
研究学者	张耀灿、潘懋元、刘本固、高振玉、赵玉茹、李慧英等	郑永廷、孔国庆、黄殿臣、甘泉、万光玲等	潘玉驹、高文兵、陈文远、田友谊、胡锋吉、董卓宁、廖桂芳等
研究范畴	学业评价方法、学生评价基本方法、国外理论研究与应用等	素质教育与学生评价,大学生综合素质评价原则、方法与体系构建等	创新创业人才素质评价、大学生综合素质评价机制创新、第四代评价理论与大学生评价实践等
代表著作	《大学德育概论》《高等教育学》《对大学生素质综合量化考核和评价的探讨》等	《大学生综合素质评价体系的研究》《大学生成长评价研究》《大学生自主创新理论与实践》等	《大学生综合素质评价体系构建》《学生评价的理论与实践》《当代学生评价的理论与实践》《高校学生评价研究》等

(三) 国内研究的学术理路

国内学者研究展现出鲜明的研究特色。一是研究态势:从依托高等教育的学科萌芽到大学生思想政治教育领域的专题研究再到跨学科的专业化、规范性研究。二是研究目的:从服务高等教育体制、适应素质教育要求到促进全面培养创新创业人才。三是研究范畴：从学业评估、大学德育评估开始萌发学生评价思想到大学生综合素质体系构建和评估制度确立，进一步拓展到当前对学生创新创业能力的评价。四是研究方法：从理论研究到量化研究、质性研究等多种方式并存。

三、国内外高校学生评价研究的综合评述

从目前国外的总体情况来看，学者对大学生评价研究掌握比较精深和到位，先后出版了多部重要著作，清晰展现了百年来发达国家学生评价研究总体由萌芽到多元发展、评价对象由学生低阶学习能力向高阶学习能力的跃升发展态势，为了帮助学生完成高阶学习而使评价、研究成为常态。尤其值得注意的是，目前国外部分学者通过对大学学习评价（CLA）和国际学生评价项目（PISA）的研究，深入探讨学生高阶思维能力和实境解决问题能力的复合生成，将大学生评价研究推向纵深。但国外缺乏对大学生综合素质评价的成熟研究，这给后续研究留下了大量空间。与国外相比，中国关于大学生评价研究处于规范研究阶段，适合中国国情和教育体制的大学生评价理论还需要进一步丰富完善，大学生综合素质评价研究更需要进一步关注创新创业人才培养的目标导向和促进大学生全面发展的价值理念。一方面，要借鉴国外研究成果，聚焦大学生组织协调能力、批判性思维习惯、情境下解决问题能力等高阶素能的评价和引导机制；另一方面，要克服将创新创业能力评价与思想道德评价、学业评价、身体素能评价简单并列，而忽视创新创业高阶素能本质

属性的实践做法和研究取向。因此,目前大学生综合素质评价研究视野尚需要拓展,论题也需要进一步全面统筹和深入研究。

四、加快新发展阶段人才培养和学生评价的改革创新

中国特色社会主义进入新时代,青年培养进入新征程。党和国家从战略全局高度出发,加快高等教育发展布局,对人才培养和素质评价作出了全面部署。2018年10月8日,教育部发布的《关于加快建设高水平本科教育全面提高人才培养能力的意见》提出:"提升学生综合素质。发展素质教育,深入推进体育、美育教学改革,加强劳动教育,促进学生身心健康,提高学生审美和人文素养,在学生中弘扬劳动精神,教育引导学生崇尚劳动、尊重劳动。把国家安全教育融入教育教学,提升学生国家安全意识和提高维护国家安全能力。把生态文明教育融入课程教学、校园文化、社会实践,增强学生生态文明意识。广泛开展社会调查、生产劳动、志愿服务、科技发明、勤工助学等社会实践活动,增强学生表达沟通、团队合作、组织协调、实践操作、敢闯会创的能力。"2020年10月13日,中共中央、国务院印发的《深化新时代教育评价改革总体方案》对新时代学生综合素质评价作出战略部署,明确要求"树立科学成才观念。坚持以德为先、能力为重、全面发展,坚持面向人人、因材施教、知行合一,坚决改变用分数给学生贴标签的做法,创新德智体美劳过程性评价办法,完善综合素质评价体系,切实引导学生坚定理想信念、

厚植爱国主义情怀、加强品德修养、增长知识见识、培养奋斗精神、增强综合素质"。①

综合上述分析，我们深刻感受到，高校学生评价和人才培养要打"组合拳"，要有针对性地深化学生评价改革，这是新时代尤其是新发展阶段对高校人才培养和人才培养最好的回应。

一是强化思想政治素质评价。面对国际斗争形势，强化政治站位，从维护意识形态安全角度出发全面加强学生价值观教育，提升政治认同，全程、全方位记录学生的政治表现。

二是聚焦创新核心能力评价。面对新一轮科技革命浪潮和日趋激烈的国际竞争，要培养创新型人才，细化青年高阶素能评价测评体系，为解决"卡脖子"问题提供最强大的人力支撑。

三是坚持全面素能评价。面对现代化强国建设和社会文明要求，引导大学生全面发展，构建高校德、智、体、美、劳五位一体的立体化育人环境和评价机制。

四是深化国际能力评价。面对构建人类命运共同体的伟大事业，拓展高校学生的世界情怀，发展其国际交往能力，探索科学成熟的国际化能力评价机制。

---

① 引自中共中央国务院印发的《深化新时代教育评价改革总体方案》，http://www.moe.gov.cn/jyb_xxgk/moe_1777/moe_1778/202010/t20201013_494381.html。

实　践　篇

第四章　高校学生综合素质评价的
模式比较

　　不同类型的高校在专业特色、人才培养目标上各不相同,因此,不同高校在学生综合素质测评体系的设置上也各有不同。当前中国高校主要分为综合型院校、理工科高校、文史类(师范、外语、财经等)高校三种。调查发现,当前中国各高校的综合测评体系也因高校种类不同大体分为三种形式:混合模式、分离模式、创新模式。

一、混合模式

　　中央财经大学、上海财经大学、北京外国语大学、广东外语外贸大学、湖南师范大学、北京师范大学等文科类院校采用了典型的混合模式。此种模式将创新素质蕴含在专业素质、发展素质等中进行考核,不对创新素质进行单独界定和评价,并将学生综合素质评测的结果作为奖学金评定、优秀学生评选及推荐深造或就业的直接标准。此种模式通常将学生的综合素质分为基础素质(道德品质、思想信念、日常行为)、专业素质(学生专业课培养)和发展素质(学术科研、社会实践、社团表现)三大部分,基本包含了党和国家在素质教育方面对学生培养的所有要求。

由于文科类院校在学科特色和人才培养方向的侧重点上各有不同,混合模式又分为两个小类。

第一类是以湖南师范大学、北京师范大学等为代表的师范类院校学生综合素质评定模式。由于这些专业型院校的各学院在人才培养和教育教学目标上差异不大,因而此类学校拟定了适用于全校学生的统一综合素质培养方案。以湖南师范大学为例:该校在评估学生的基本素质、专业素质和发展素质时均采取百分制评分模式,并将这些素质得分分别按照10%、65%和25%的权重组合相加,得出最终的综合素质评分。这样的评价模式固然可以在一定程度上兼顾学生各方面的发展,从而促进学生的自我反思和提高;但在进行具体反馈时,由于所有素质均归入一个大类中而无细分,学生很难参照其他同学的表现进行自我对照,因而综合素质测评的主体互助功能被弱化。因此各高校在采用此种模式时,不仅应当根据本校的办学情况和教育实际妥善划分权重比例,也应当将各个素质分类的指标进行细化划分,并及时对外可采取匿名形式进行公布,以便最大化发挥学生主体的能动性,助其成长为党和国家的栋梁之材。

第二类是以中央财经大学、北京外国语大学、广东外语外贸大学等为代表的外语财经类高校学生综合素质评定模式。以中央财经大学为例：该校将学生的基本素质和专业素质分别评定好，并分别以 40％和 60％的权重进行计算，得出基本评分。与其他高校不同的是，中央财经大学将发展素质分为四大类，分别为：学术科研、社会实践、艺术素养、组织能力。在对学生进行评定时将四大类分别按一定权重比例予以计算，在最后计算综合测评结果时，选取其中最高的两项与先前的基本评分。这样的计算方式固然在一定程度上对学生公平——毕竟只有极少数的学生才能在各方面均表现突出，但也存在一定的缺陷，即学生发现自己某两项较他人更为突出，则为追求高分、寻图省事，只侧重培养自己这两方面的能力，最终导致强更强、弱更弱，背离了国家关于培养高校学生全面发展的人才培养目标。

二、分离模式

电子科技大学、江西理工大学、西安交通大学、东北电力大学等理科类院校使用了典型的分离模式。此种模式将创新素质与基本素质、专业素质等区别开来，单独评估，并将奖学金评定、学校推优选优及推荐深造或就业等与学生综合素质评分直接挂钩。相较于文科类院校，理科类院校有更多专业会涉及学生的具体实践操作，学生在学术研究上也有更多的选择。例如，文科类院校在判定学生学术能力时，大部分是以叙述论文的数量和质量为基础，但理科类院校可通过一些实验操作、发明研究等除论文以外的方式去判定学生的学术能力。因此，在划分综合素质测评内容时，大部分理科类院校都采取了基本素质(思想信念、道德修养、身心素质)、专业素质(专业课能力)、发展素质(社会实践能力、组织能力)及创新素质(学术科研、创新竞赛)等四部分的划分方式。

由于各理科类院校在专业设置和人才培养上也略有不同,分离模式也分为两个小类。

第一类是以电子科技大学为代表的高校学生综合素质评定模式。以电子科技大学为例:学校将综合素质分成两大类,一是基础性素质(德育素质、专业素质、身心素质),二是发展性素质(创新能力、实践能力、科研能力、课外文化素质)。基础性素质中的德育素质、身心素质采取定性和定量相结合的评价方式,专业素质评分直接采用专业课课程考试成绩,最后基础性素质测评的总成绩由这三项分别按 20%、10% 和 70% 的权重进行综合相加。发展性素质则根据学生参加的竞赛、科研或论文发表及其他获奖经历等先分类再按照不同等级进行加分。电子科技大学的综合测评成绩同其他高校一样,也是学校评奖评优、推荐就业的主要依据,但与其他高校不同的是,电子科技大学将这两部分的分数独立开来:在评奖评优时,学校首先根据基础性素质得分对学生进行排序,并在此基础上按照学校规定的比例直接将每个等级的人选确定出来;接着在之前所划分好的等级的基础上,依照学生的发展性素质得分再进行排名;最终确定出学生综合素质测评得分的顺序(表 4.1)。这种方式既保证了学生在专业学习时保持一个端正的态度——毕竟在当下社会用人单位也更希望有一个专业性人才,也避免了学生专业成绩不好而靠其他方面努力拉分数,进而一再放松自己专业学习的现象;但不可否认,这对一些专业成绩一般但其他方面极为突出的学生是一种打击。对此,电子科技大学可以考虑为其他方面突出的学生设立专门奖项,以提高这些学生的积极性。

表 4.1　电子科技大学综合排名示例

以基础性素质排序 确定的入围比例	在各入围比例内 根据发展性素质产生的排名	综合排名
前 3%	前 3%	以入围的方式产生前 50%的综合排名
次 6%	次 6%	
再次 11%	再次 11%	
再次 15%	再次 15%	
再次 15%	再次 15%	

第二类是以西安交通大学为代表的高校学生综合素质评定模式。以西安交通大学为例:同大多数高校一样,西安交通大学将综合素质主要划分为三大方面,包括德育素质(思想信念、政治立场、学术科研、社会实践、文体活动、社团活动)、智育素质(课程学习成绩)、体育素质。在德育素质中的思想道德方面采用了学生互评和教师评价,并将评价量化成百分制成绩的方式,而在其他如学术科研、创新实践等方面均采用加分制(满分十分)的计算方式,最后德育素质成绩即为两者分权重加总的方式。关于学生的智育成绩和体育成绩,则直接采用学生的相关课程成绩。综合素质测评总成绩则是这三项成绩分别按权重相乘后再相加。与其他高校不同的是,西安交通大学针对不同年级的本科生在最后总成绩的计算上,对三项素质成绩的权重赋值不同。这样的测评方式既考虑了各年级学生在入学不同阶段的课业压力和科研压力,又通过权重不同的形式

清晰地向学生表明在各阶段更应培养何种能力,真正实现了高校对学生综合素质进行全面培养的教育教学目标。但这种方式也存在一定的缺陷,因为学校对各项权重比例存在客观不同,大部分学生若想取得优异的综合素质测评成绩,需要按部就班地进行学习,这在一定程度上打压了学生在各方面学习的积极性,不能适应学生的个性化发展需求。

三、创新模式

武汉大学、浙江大学、上海交通大学、中山大学、中南大学等综合类院校采用了典型的创新模式。这部分高校只将学生的综合测评成绩作为奖学金、评选优秀学生及推荐就业等的一部分参考条件,而对综合素质评价体系、操作方法和工作流程等都进行了重组。这些高校在这种模式下的综合素质划分也与其他高校基本相同:基础素质(道德品质、思想信念、日常行为)、专业素质(学生专业课培养)和发展素质(学术科研、社会实践、社团表现),只是在最后的成绩计算和推优选优等方面有所不同。

由于各综合类院校在学科特色、专业设置和人才培养上也略有不同,创新模式也分为两个小类。

第一类是以武汉大学为代表的高校学生综合素质评定模式。以武汉大学为例:该校将综合素质分成三大类,一是基本素质(思想政治表现、个人品德修养、身心健康素质),二是专业素质(专业掌握能力),三是实践与创新素质(社会实践能力、科研创新能力)。在学生的基本素质测评中,武汉大学采取了学生互评及教师评判的分级评价模式,并将等级用百分制分数进行量化;对于学生的专业素质分数则直接采用学生的专业课成绩;至于实践与创新素质评测,学校则采用分等级、分类别进行加分的形式,这些分数相加就是实践与创新素质的成绩。最后,学生的综合素质结果就是这些成绩按照不同权重相加的成绩总和。之前提到,由于专门的财经类、外语类、师范类学校在各学院的设置、人才培养目标和教育教学等方面基本一致,所以这类学校大都采用了全校统一的综合测评方式。但对于综合类高校来说,其下设院系既有文科又有理科,而文理科学生的学习内容、实践方式、人才培养目标大为不同,所以全校统一的方式不适用于综合类高校。比如,武汉大学就规定,各院系可根据各自的学科特色、培养方式、培养目标,自行对这三类素质评分的权重进行设置:综合素质总成绩=基本素质成绩×10%+专业素质成绩×(60%～75%)+实践与创新能力成绩×(15%～30%)。这种设置方式可在极大程度上解决由文理科性质不同导致的素质培养矛盾。

第二类是以浙江大学为代表的高校学生综合素质评定模式。综合类院校下设院系既有文科性质的又有理工类性质的,理工类院系相较于文科类院系而言,其实践操作性更强,故而发明创造能力和实践创新性在理工学生综合素质评价中占据更加重要的地位;而文科专业相较于理工类而言,其理论学习性更强,因而在文科学生的发展素质中更加重视学术科研能力。但一套综合素质体系难以从根本上解决这个问题。对此浙江大学采取奖学金与综合测评成绩不直接挂钩,同时根据综合素质测评内容在多方面设立奖学金的方式。以浙江大学为例：在综合素质测评上同样分为德育素质（思想品德、政治认识）、智育素质（专业知识、学习能力）、综合素质（学术科研、社会实践、创新创业）、体育素质（身体素质、心理健康）等四大方面。浙江大学根据四大部分的评分对学生进行奖励。浙江大学共设有八种主要的奖学金，分别是学业奖学金、社会实践奖学金、研究与创新奖学金、优秀学生奖学金、专业奖学金、对外交流奖学金、新生奖学金、特别奖学金、竺可桢奖学金等。其中，学业奖学金是针对学习成绩优异的学生进行奖励，而社会实践奖学金、研究与创新奖学金、对外交流奖学金、特别奖学金，则是根据学生在社会实践、研究方面、出国交流方面以及其他特长方面的优异表现进行奖励。在这种测评模式下，学校在传统评价奖励的模式上进行创新改进，丰富了奖励方式，通过设置不同的奖励方式着重培养学生不同方面的能力，以保证那些学习成绩一般但在其他方面有突出表现和重大贡献的学生能够得到奖励，进而提升其在非专业素质学习上的积极性。

四、三类评价模式的比较分析

综合分析以上三类评价模式，不难发现，不同类型高校对学生综合素质评价采取了差异化策略。总体而言，师范类高校和外语财经类高校是传统意义上的文科类高校，其对创新素质的定义也较难精准界定，所以湖南师范大学、中央财经大学都对创新素质进行了类别界定，如分为学术科研、社会实践、艺术素养、组织能力，再通过上述方面间接评价创新素质(发展素质),并将上述素质与基本素质和专业素质综合起来进行评价并与奖学金直接挂钩。与此不同的是,电子科技大学、西安交通大学等则是理工科大学,其专业性质使然,学生创新素质更容易被界定,因此采取分离模式,对基本素质和创新素质(发展素质)进行分别评价,然后对应相应类别奖学金。值得关注的是,以武汉大学、浙江大学等综合性大学为代表的一流建设高校,突出创新素质,对创新素质的分类对应了奖学金的类别,如浙江大学的八种主要的奖学金就对应了德育素质、智育素质、综合素质、体育素质等类别;这一方法既反映了综合素质评价的总体性要求,也突出了创新素质在各类素质中的主线作用。

第五章　评价体系创新：以 D 大学国际商务人才评价为例

　　尽管受新冠肺炎疫情和逆全球化的影响,但经济全球化长期趋势不可逆转,数字经济全球化蓄势待发,国际贸易形态发生了根本性变化,国际金融、贸易、法律、服务和电子商务极大融合,国际经贸人才职业能力要求愈加复合化。立德树人是高校的中心工作,能够全面概括高等教育活动基本内涵和目标追求。国际商务专业正是为了适应这一发展趋势,增强国家的外贸竞争力而设立的新兴学科,学科目的在于培养具有国际贸易基础知识与基本技能,能在涉外经贸部门和中外合资企业从事国际贸易、国际金融、国际经济法业务和管理工作的高级应用型人才。为适应行业发展和学科建设对人才能力素质的要求,作为国际商务人才培养主阵地的财经类高校应该深化人才培养创新,致力于培养具有较高专业能力和职业素养、创造性地从事国际商务实际工作的国际化复合型人才。

一、高校国际商务人才能力素质评价的基本维度

《国家中长期教育改革和发展规划纲要(2010—2020 年)》(以下简称《教育规划纲要》)指出,牢固确立人才培养在高校工作中的中心地位,着力培养信念执著、品德优良、知识丰富、本领过硬的高素质专门人才和拔尖创新人才。财经类高校如何进一步加强专业化、职业化建设,构建科学化人才评价体系和培养目标,与国际贸易行业需求实现无缝对接,是在培养高素质国际商务人才时首先要面对和解决的理论问题和实践问题。针对人的素质评价的相关研究,国外研究起步较早。1973 年,美国心理学家戴维·麦克利兰(David MoClelland)提出了"能力素质"的概念,并逐步细化形成了著名的能力素质"冰山模型",从而形成了胜任力的相关理论,为人力资源管理实践提供了全新的理论视角和有力工具。所谓"冰山模型",就是将个体素质的不同表现形式划分为表面的"海上部分"和深藏的"海下部分"。其中,"海上部分"包括基本知识、基本技能等外在表现,比较容易通过培训来加以改变和发展;而"海下部分"包括社会角色、自我形象、特质和动机等内在部分,较难通过外界的影响而得到改变,但却对人员的行为与表现起着关键性作用。麦克利兰的理论的最大特点是具有鲜明的区分度,即针对能力素质各部分的特质差异,将个体能力素质总和确定为知识、技能和基本素质三个组成部分,该理论对人才能力素质评价基本维度的构建范式影响至今。

2021年4月,习近平总书记在视察清华大学时强调:"追求一流是一个永无止境、不断超越的过程,要明确方向、突出重点。要培养一流人才方阵。建设一流大学,关键是要不断提高人才培养质量。要想国家之所想、急国家之所急、应国家之所需,抓住全面提高人才培养能力这个重点,坚持把立德树人作为根本任务,着力培养担当民族复兴大任的时代新人。要构建一流大学体系。高等教育体系是一个有机整体,其内部各部分具有内在的相互依存关系。"①可见,高等教育人才培养理念具有开放性和复合性特征,既有促进人的全面发展以适应社会生活的文化功能和人文使命,也蕴含了提升大学生知识和技能的社会功能和人力资源价值。因此,高校培养各类专业人才的能力素质评价需要兼顾高校和社会双向人才标准的平衡。经过对多所财经类高校的本科生培养方案的调研,我们发现培养方案对国际商务人才培养目标的表述,均包括了对基本素质、知识结构、职业技能等方面的要求。又如,作为国家标准的《国际贸易业务的职业分类与资质管理》对国际贸易从业资质和职业分类,也是从基本条件、业务能力、业务知识三方面进行界定的。再者,我们注意到《教育规划纲要》对人才培养规格从"培养信念执著、品德优良、知识丰富、本领过硬"四个方面进行了规定,实际上也是从属于基本素质、知识和能力三个范畴。因此,无论是国家教育主管部门、高等院校还是社会企事业单位均较为普遍的接受素质、知识和能力三维评价方法,从这三个维度出发对国际商务人才能力素质进行评价应该也是较为妥当的。

---

① 引自 http://www.xinhuanet.com//2021-04/19/c_1127348921.htm。

二、高校国际商务人才能力素质评价体系的构建与分析

　　第一,高校国际商务人才能力素质评价体系的基本要素。我们认为国际商务人才能力素质评价可以从基本素质、知识体系、职业能力三个基本维度出发,分为基本素质评价、知识评价和能力评价。按照《辞海》的解释,素质是完成某种基本活动所必须的基本条件,可以进一步解释为"先天遗传的禀赋与后天环境影响、教育作用的结合而形成的相对稳定的基本品质结构"(吴锵,2004)。因此,素质具有全面性、稳定性和连续性特征,包括德、智、体、美以及心理素质,也包括结构化的知识体系,是个体能力建构和增强的心理结构基础,也是个体能力形态和特质的基础性决定力量。与素质相比,能力则不具备上述特点,它是指在某一领域的胜任性,是个体基本素质在特定专业领域的具象化,集中体现为对大学生专业能力和职业技能的培养。因此,基本素质评价分为思想道德素质评价、精神品质评价和身心素质评价,具体包括思想素质、道德素质、政治素质、身体素质、人文素养、社会动机、个人态度等观测点;知识评价分为常识体系评价和专业知识评价,具体包括基础知识、专业知识、行业知识等观测点;能力评价分为基本能力评价、专业能力评价,具体包括实践能力、沟通能力、创新能力、语言能力、研究能力、信息能力等观测点,是专门训练之后建立的标准化、系统化的特定技能。

第二,高校国际商务人才能力素质评价指标体系与分析。基本素质、知识体系、职业能力是个体能力素质相对独立的三个维度,但是三者在个体的实践活动中不是简单的叠加,而是相辅相成的有机作用系统。考虑到财经类高校的具体特点,我们对国际商务人才能力素质评价指标体系的静态因素进行具体化,形成如下指标体系(见表5.1)。

表 5.1　国际商务人才能力素质评价指标体系

一级指标	二级指标	主要观测点
基本素质	思想道德 精神品质 生活素养 身心素质	思想素质、道德素质、政治素质、法律素质 成就动机、自我认知、积极性 人文素养、科学素养、媒介素养、国际视野 身体素质、心理素质
知识体系	常识体系 专业知识	自然科学、社会科学和人文学科基本知识 国际经济、贸易、管理、法律、金融、保险、政治和语言等学科知识
职业能力	基本能力 专业能力	认知能力、表达能力、分析能力、组织能力、信息能力、创新能力 经营管理能力、谈判能力、外事能力、多语能力、跨文化能力、法律能力

基本素质是非智力因素,属于人才能力素质构成的重要组成部分。以往,在人才培养过程中,人们总是特别注重对学生智力的开发。随着人才学研究的不断探索和深入,越来越多的人发现,在成才的过程中,智力因素只是其中一个条件。心理学的研究告诉我们,一般而言人的先天智力差异并不大,往往是非智力因素差异,导致了人们事业成就的大不相同(付革,2002)。因此,基本素质是国际商务人才能力素质的构成基础。其中,思想道德所涵盖的思想素质、道德素质、政治素质和法律素质处于统摄地位;精神品质是个体

心理和人格固化的集中表现,主要表现为在认知学习和专业场域的动机、积极性等心理因素;生活素养是个体面对、参与社会生活的素质和修养,其中媒介素养体现了互联网和信息化对当代青年的挑战和考验,国际视野则是国际商务人才的特质,也是财经类高校人才培养国际化的重要输出特征;身心素养是个体成长发展的基本保障,包括身体和心理两个层面。

知识体系是个体认知的结构化体现,包括日常生活、工作中经常接触无障碍理解处理的信息,涵盖自然科学、社会科学和人文学科等知识;专业知识是个体知识体系的核心区,是国际商务人才职业能力生成的认知基础,体现了国际商务活动对国际经济、贸易、金融、法律、管理、保险和政治以及语言等多学科的高密度复合型知识要求。与此相对应,个体在认知基础上形成了基本能力,在专业认知基础上通过实践形成了各类专业能力,它们的复合程度和水准要求明显高于传统国际贸易专业人才的培养口径。

三、高校学生评价对国际商务人才培养的效用分析

高校的学生事务是指,"用来描述校园内负责学生课外教育,有时也包括课堂教育在内的组织结构或单位"(Miller, et al., 1991),而学生事务管理则被理解为"与学生事务有关的这一职业领域的总称"(蔡国春,2002)。在美国,高校学生评价事务发展成熟,与学术事务一样是高校发展的支柱。高校学生评价工作如何加强创新,更好地服务于高校中心工作,提升的地位和贡献性,是值得我

们深入思考和研究的理论问题和实践问题。北京师范大学林崇德、胡卫平(2012)认为:"在创新人才的心理学研究中,需要重视创新或创造性的三要素,即创造性思维(智力因素)、创造性人格(非智力因素)和创造性社会背景(环境因素)。"因此,在财经类高校国际商务人才培养过程中,必须重视学生评价工作对这三要素的培育和发展。

(一)智力因素:构建实践载体,锻炼动手能力,促进素质生成

在专业知识向职业能力转化的过程中,应用能力和思维能力居于核心地位。在大学的教育过程中,知识向能力的转化有两个链条:一是专业教育,侧重专业知识传授与识记;二是课外教育,侧重实践能力锻炼。在第一课堂中,大学生进行专业知识的学习,但缺乏相匹配的实践环节,因此也就不能具备专业知识转化为专业能力的完整认知。所以,专业知识向职业能力的转化还需要实践动手能力的锻炼。在这方面,课外教育具有明显优势。财经类高校立足国家和全球经贸发展前沿,校园文化氛围活跃。各类校园文化活动的组织主体(包括学校党群部门、学生会和学生社团)通过组织建设、构建活动主体,为学生提供锻炼实践能力的载体平台,提升了学生的应用能力和思维能力,从而有力地弥补了专业教育过程中专业知识向职业能力的转化素质生成,为国际商务专业学生专业见习乃至实习就业奠定了认知基础和实操基础。

(二) 非智力因素:焕发创造精神,塑造健全人格,优化道德品行

我们考察国际商务领军人才的成长过程就会发现,他们不仅拥有敏锐的洞察力、驾驭全局的领导力和极强的创造力,更拥有深层次的精神追求和为国家利益奋斗的使命感、责任感。专业教育能够解决能力问题,但不能解决精神动力问题,这需要学生评价工作中的思想政治因素发挥建设性作用。首先,思想教育提升专业人才的思想水平、思维能力,引发主动思考,激发探索精神,焕发面对复杂国际国内形势、复杂商务环境和压力挑战的自信心和意志力。其次,思想教育能够塑造国际商务专业人才的健全人格。健全人格是主体价值观、世界观和方法论等众多非智力因素的综合,一般表现为责任感、好奇心和奋斗精神等。思想教育能够通过思想教育和政治教育等多种形式引导专业人才树立正确的价值观和世界观,掌握科学的方法论,促进健全人格养成,这是国际商务专业人才能力素质生成不可或缺的教育环节。最后,思想教育能够优化道德品行。财经高校开展有针对性的道德教育能够培养国际商务人才自察自省的道德意识,不断提升其道德修养,使他们言行相符、知行合一,而长期良好品行的积淀将进一步促进其健全人格的固化。

(三) 环境因素:提供筑梦方向,凝聚追梦力量,净化圆梦环境

"中国梦"是以习近平总书记为核心的党中央向世界庄严宣告

的中国共产党人的世纪追求,它赋予了中国共产党人和全体中国人民崇高的理想和使命。大学生是青年骨干、社会脊梁,是全面建设小康社会的中流砥柱,应该勇于筑梦、积极追梦、不懈圆梦。国际商务人才身处为国家利益服务的前沿,在校期间加强理想信念教育对他们树立正确的世界观、价值观和国家意识具有重要意义。首先要为国际商务专业的学生提供筑梦方向。树立正确的理想信念是政治教育要解决的核心问题。财经类高校可以通过思想引导和政治工作,弘扬社会主义核心价值观,团结学生投身于中国特色社会主义伟大事业,提升为中华民族伟大复兴中国梦奋斗的自觉性,"引导学生树立正确的理想信念,解决创新的方向问题"(顾秉林,2008)。其次要为国际商务专业学生凝聚追梦力量。学生评价工作能够起到凝聚、激励大学生克难攻坚的整合作用。成长的道路不会一帆风顺,奋斗的过程不能孤军奋战。国际商务专业学生在学习生活和工作中必然要经受国际化竞争和挑战,更需要时时处处汇聚正能量、学习合作与共赢。最后是净化圆梦环境。学生评价工作能够通过引导、激励、规范等手段促进校园文化的发展,尤其是积极推动优良校风学风的形成,为国际商务专业学生的成长提供诚信、上进、开放、包容的圆梦环境。

四、D 大学学生综合素质评价创新策略

D 大学是教育部直属的全国重点大学,首批"211 工程"和首批"双一流"建设高校,是中国社会主义经济建设事业人才培养和科学

研究的重要基地之一。该大学拥有经、管、法、文、理、工六大门类,以国际经济与贸易、法学(国际经济法)、金融学、工商管理、外语(商务外语)等优势专业为学科特色。在其最新制定的学生综合素质评价规定中,将综合评估界定为"学校评价学生的重要导向,是激励学生的重要杠杆,是学校本科生奖学金评定的重要依据,是本科生在大学期间发展进步、成长成才情况的重要量化指标"。学校学生管理委员会负责本科生综合评估工作,办公室设在学生处。在综合评估过程中,坚持实事求是、公开、公平、公正的原则,加强领导,发扬民主,鼓励先进,弘扬优良的校风、学风。

依据前面对学生综合素质评价模式分析,D大学学生综合评估属于混合模式。其量化部分包括德育、智育和创新素质这三个方面,总体坚持德智体全面衡量的原则,其中德育分占10%,课程成绩分占80%,综合加分占10%,即:总分(100分)=德育分(10分)+课程成绩分(80分)+综合加分(10分)。德育分总计10分。德育分采取扣分制,学院根据学生表现进行相应计算,德育分包括五个维度,分别是政治态度、遵纪守法、文明行为、学习态度、集体活动,每项赋值2分,采用过程评价法,根据学生在学期中的行为和表现计以具体分值,最终加总为学年该部分的分数。

下面为D大学学生综合素质评分准则。

一、政治态度

1. 坚持四项基本原则,拥护党的路线、方针、政策,关心国际国内大事,自觉维护国家和民族利益。

2. 积极学习马克思列宁主义、毛泽东思想、邓小平理论、

"三个代表"重要思想、科学发展观和习近平新时代中国特色社会主义思想,树立正确的世界观、人生观、价值观。

3. 明辨是非,勇于开展批评和自我批评。

学生如有违反党的四项基本原则或明显损害学校、学生形象的行为,直接扣除该项得分。

二、遵纪守法

1. 遵守国家的法律、法规。

2. 自觉遵守学校的各项规章制度,自觉维护学校的教育教学秩序。

3. 遵守国际礼仪,在国际交往中自觉维护国格、人格,以礼相待,不卑不亢。

如有违反以上相关规定者,酌情扣 0.2—2 分。

三、文明行为

1. 遵守社会公德,维护公共秩序;诚实守信,乐于助人。

2. 尊敬师长,团结同学。

3. 维护校园文明,男女同学交往举止得体。

4. 维护校园环境卫生,爱护公共财物,勤俭节约。

如有违反以上相关规定者,酌情扣 0.2—2 分。

四、学习态度

1. 树立为祖国而勤奋学习的思想,学习态度端正,学习目标明确,养成良好的学习习惯。认真上好每堂课,不逃课、不早退。

2. 学习勤奋、刻苦,努力夯实知识基础,不断提高创新能力、实践能力。

3. 诚信、严谨治学,不弄虚作假。

如有违反以上相关规定者,酌情扣 0.2—2 分。

五、集体活动

1. 积极参加学校组织的报告会、讲座、竞赛等各类集体活动。

2. 积极参加学校组织的各种社会公益和志愿服务活动,服从安排,保质保量完成任务。

如有违反以上相关规定者,酌情扣 0.2—2 分。

学生综合素质评价的主要部分是智育方面,赋值 80 分。将学年所修全部课程(不包括辅修课程、双学位课程、听力课程、重修课程)的期末考试成绩乘以该门课程学分数,将乘的积相加,其和除以各门课程学分数的总和,所得平均分乘以 80% 作为课程成绩分,具体计算方式为:课程成绩分＝[$N1$ 课成绩×$N1$ 课学分＋$N2$ 课成绩×$N2$ 课学分＋……]÷[$N1$ 课学分＋$N2$ 课学分＋……]×80%。

该大学的学生综合素质评估程序充分体现了过程评价、结果评价和自我评价、集体评价相结合原则。该大学还根据各学科人才培养差异授权各学院制定具体创新加分方面的评价标准和细则。评定具体程序包括:

一、个人自评:每学年第一学期开学后十天内进行,每个学生根据自己上学年的表现,进行个人自评。

二、班级评议:在每个学生个人自评的基础上,采取无记名投票的形式进行班级民主评议。班长负责组织并书写评语,辅导员和班主任负责组织评分统计和认定工作。

三、学院审议：由学院学生工作负责人、辅导员、学生代表等组成审议小组，对每个学生的综合评估结果进行审议，提出评审意见。

四、公示评审结果：学生综合评估结果报学生处备案前应由学院面向本学院全体学生进行为期一周的公示，接受广大师生的监督；学生对评估结果有异议者，从公示之日起一周内向学院反映，若确有错误，有关学院要及时纠正。

五、学校审批：由学校学生管理委员会对学生的综合评估结果进行审核，并进行第二次公示无异议后报学校批准。

我们以 D 大学的 G 学院的综合素质评价的加分细则为分析对象，G 学院所确定的综合素质创新能力包括学术研究、竞赛活动、学生工作、社会奉献和其他加分，综合加分共计 10 分。其中，学术研究单次综测总分不超过 4 分。具体包括：

A. 学术论文。

在 CSSCI 期刊的 A 类、B 类、C 类期刊上发表学术论文，每篇分别加 4 分、3 分、2 分；一般学术期刊（以中国知网收录期刊为准）上发表学术论文，每篇加 1 分；在集结成册并公开出版（需有正式书号）的论文集上发表论文 1 篇，加 0.5 分。国际期刊的认定和折算工作参考学校科研处当年相关规定。所发文章必须以对外经济贸易大学为作者单位；独立作者按本规则计分；与他人合作，合作者为我校老师或学生，第一作者或第二作者都可按本规则计分；与外校作者合作，只有第一作者可计分。

加分评定时本人必须提供文章原件。

B. 课题研究及著作。

对于参加校团委科研立项并成功结项的科研小组，校级重点和校级精品课题的组长加 0.4 分，组员加 0.3 分；普通课题组长加 0.3 分，组员加 0.2 分。同时参加多个小组的以最高分计，不可累加。参与本校教师当年立项的省部级及以上课题（需立项成功）研究加 0.3 分，加分评定时需提交正式版的立项课题申请书及课题负责人出具的证明信。学生参加本校教师的著作撰写的，加 0.2 分，以著作出版书籍中的撰写者名单为准。

竞赛活动单次综测总分不超过 4 分。竞赛活动是指国际上有关国家和组织、国家有关部门、社会和学校组织的各类学术、科技、文艺、体育等各类正式比赛活动。由学生社团组织的活动不计入综合测评，特殊情况除外（由学院认定）。具体包括：

A. 竞赛获奖以取得证书原件为准，级别认定以证书上落款公章级别来判定。

B. 参加各类各级比赛未获奖者加 0.1 分，累计加分不超过 0.5 分。

C. 参加多轮次比赛获奖的，以全部赛程结束获得的最高奖进行加分，不累加。

D. 创新创业类仅立项未参与竞赛的参考科研立项加分；立项并参加竞赛获奖的，按最高分计分，不累加。

E. 参加院级（含本校其他院）和校级暑期社会实践团队（校级以上按校级计算）实践评奖获奖的，参照同级竞赛活动集体三等奖加分分数减半加分,负责人另加 0.2 分;同时参加多个小组的以最高分计,不累加。

F. 竞赛加分补充规则:在竞赛所获奖项中,得分最高奖项的计入综合测评加分,其他每获奖一次,加 0.2 分(社会实践项目除外)。校运动会加分参照学院分团委关于运动会的加分规则。在文体类竞赛中,只有代表学校、学院参加的比赛可以计入综合测评加分,自行报名参与的各项比赛获奖不计分。

G. 竞赛具体加分细则如下:

项　　目	分值及加分规则	级　　别
个人项目	国家及以上加 2.2 分,省部级加 1.8 分,校级加 1.6 分,院级加 1.4 分	特等奖
	国家及以上加 2 分,省部级加 1.6 分,校级加 1.4 分,院级加 1.2 分	一等奖(第一名)
	国家及以上加 1.8 分,省部级加 1.4 分,校级加 1.2 分,院级加 1 分	二等奖(第二名、第三名)
	国家及以上加 1.6 分,省部级加 1.2 分,校级加 1 分,院级加 0.8 分	三等奖(第四到第八名)或者最佳单项奖
集体项目	国家及以上加 2 分,省部级加 1.6 分,校级加 1.4 分,院级加 1.2 分	特等奖
	国家及以上加 1.8 分,省部级加 1.4 分,校级加 1.2 分,院级加 1 分	一等奖(第一名)
	国家及以上加 1.6 分,省部级加 1.2 分,校级加 1 分,院级加 0.8 分	二等奖(第二名、第三名、第四名)
	国家及以上加 1.4 分,省部级加 1 分,校级加 0.8 分,院级加 0.6 分	三等奖(第五到第八名)或者最佳单项奖

其中,学生工作单次综测总分不超过 4 分,主要是针对学生组织内所作出的贡献,给予任职期间勤奋、负责、有突出贡献的学生干部

任职贡献加分。基本加分细则如下:

组织级别	职　　务	分值
校级组织	校团委执行部长、校学生会主席	1.5
	校团委副部长、校学生会副主席	1.3
	校学生会部长	1.1
	校团委干事、校学生会副部长	1
	校学生会干事	0.8
院级组织	院分团委副书记、院学生会主席	1.5
	学生党支部副书记、党支部支委委员、分团委委员	1.3
	团学联各部部长	1.1
	团学联各部副部长	1
	院团委、学生会干事	0.8
社团	学生社团第一负责人	1.1
	十佳社团第一负责人	1.3
班级组织	大班长、大班委、年级学习委员、年级文体委员	1.2
	小班班长、小班团支书	1.0
	班级心理委员、小班团委委员	0.8
运动队	队长	0.4
	队员训练	0.2

A. 大学生理论学术中心、社团联合会、志愿服务中心、艺术活动中心、学生助学发展联合中心等其他各级校级组织的学生干部任职贡献加分,与校级学生会干部执行同一标准。

B. 各级学生干部的身份应得到其所在主管部门的确认,其他特殊学生干部身份,需出具其所在主管部门证明,学院单独认定。

C. 任期满一学期但未满一年,奖励分减半计算;中途辞退或因故被罢免者不予以加分。身兼数职者以最高分计,不累加。

D. 院级及以上优秀部长、干事(先进个人、组长)、大班班长班委、小班班长、团支书、心理委员获评优秀且任期满一学期,加 0.1 分,当年只记一项,不累加。

其中,社会奉献加分单次综测总分不超过 3 分,社会奉献加分主要包括学生在其他社会活动中的贡献加分,包括学校和学院的学业指导中心的工作以及参加学校和学院组织的大型团体活动。

A. 学业助手:校学业指导中心以学校规定为准,院学业指导中心的学业指导助理、红色助手,任职满一学期,考核优秀者加 0.4 分,合格者加 0.3 分,学校学院的学业助手不累加。

B. 班主任助理:任职满一年,考核优秀者加 0.4 分,合格者加 0.3 分。

C. 校院大型活动:参加学校或学院大型活动,如校运动会广播操、方阵训练、文艺演出、各类讲座等,根据实际情况给予具体加分,具体分值在活动开始前另行通知。参加多项活动的,可累加,本项累计加分不超过 2 分。

D. 自愿献血且提供证明的,加 0.5 分,此为本科阶段一次性加分,不累加,且应在其发生的当学期执行。

另外,补充其他加分单次综测总分不超过 3 分。

A. 学年内获得校级以上先进班集体、先进团支部、优秀宿舍等由国家、省市和校院正式授予的集体荣誉称号,做出贡献的班级、宿舍成员每人加 0.2 分,名单由班集体、宿舍集体负责人认定。

B. 被评为"军训优秀学员"加 0.2 分，其他各类由国家、省市国家党政机关和校院正式授予的个人荣誉称号加 0.2 分。

C. 作为工作人员参与主管部门组织的活动，不加分。如参赛获奖或有特殊贡献，由学院认定加分。

D. 在校级及以上官方媒体、非学术类刊物上个人独立发表文章，每篇加 0.2 分，院级每篇加 0.1 分，同一篇文章被转发按最高级别计算；累计加分不超过 1 分，当年有效。

五、D 大学学生综合素质评价创新策略分析

高校管理科学化，"就是要遵循高等教育自身发展规律和运行机制，运用现代科学化的管理方法和信息手段，明确职责分工，优化工作流程，完善负责体系，加强协调配合，有针对性地采取措施把各项工作抓紧、抓细、抓实，不断提高管理效能"（许青云，2009）。为培养合格的国际商务人才，D 大学在学生评价工作科学化方面就作出了一系列探索，包括更新工作理念、建立权责明晰的管理服务团队、优化管理流程、完善工作体系。

（一）更新理念：以学生发展为高校学生评价的核心原则

面对社会需求对财经类高校人才培养的挑战，学生评价必须不断更新理念，但解决这一问题的前提就是厘清大学生的身份，解决高校学生工作的对象问题。第一，培养合格的专业人才是高等教育

的重要社会功能,社会也为高校提供了环境支撑和发展依据。从"高校—社会"维度而言,大学生是高校对社会最有力的智力输出,因此,高校必须树立培养质量意识,树立社会需求导向意识,从而提高人才培养的行业适切性;国际商务专业就是对新发展阶段国内国际双循环新格局下国际贸易行业最新发展业态的回应,对此我们必须有清醒认识。第二,培养德、智、体、美、劳全面发展的优秀青年是高校的使命,也是众多家庭对子女接受高等教育的殷切希望。从"高校—家庭"维度而言,高等教育是提升个人人力资本的重要途径,因此,高校必须树立服务意识,以教学改革和校园文化吸引优秀生源;而人才能力素质评价体系就回答了国际商务"培养什么样的人"这个问题,它也是高校人才培养理念的集中体现。第三,高等教育是培养青年的社会性的关键阶段,是青年人接触社会生活、扮演各种社会角色的初始阶段。因此从"大学校园—大学生"维度而言,高校要充分尊重大学生的主体性和创造性,积极构建育人载体,促进大学生的全面发展。可见,在社会结构和利益关系日益复杂的时代背景下,大学生身份本身就多重交叠,由此带来的学生评价工作理念必然是复合体。但是,我们不难发现,上述原则都是围绕大学生发展而展开的,并对"发展"的内涵和外延、实现方式和在内机制进行了规定。所以,学生评价事务以学生发展为核心原则至少包括三层含义,即面向市场、服务学生和尊重学生。能力素质评价体系就要体现培养方和雇佣方的双向需求。D大学是外语财经高校,面向新发展阶段对国际商务人才素能要求,突出了有三个方面的工作。一是在重点学业表现方面外,还重点突出思想政治素质,并使用过程评价和外部评价等闭环管理，突出思想政治素质的社群性；二是将学业评价置于核心地位，突出立德树人的根本任务，这也是青年大学生成长阶段的核心要义；三是创新素质主要由学术创新、社会服务创新、知识应用创新等部分组成，凸显了 D 大学对学生发展的全面理解，也为学生成长成才提供了多个路径和参照系统。

(二) 规范机制：以能力素质生成模式为突破口，提升与教学部门的协同创新

大学教育中专业学习缺乏变式练习和策略性知识学习环节，而学生活动则具有相对完整的学习过程；因此，要提升学生评价工作在高校整体工作格局中的重要性，需要进一步与教学工作协调培养。具体而言，就是起到"指挥棒"作用，将教学活动培养的素质能力及时反映到教学评价和综合素质评价体系之中。一是建立与教学部门联合推进学生评价机制，合理划分教务学工各部门的权责，并在学生培养方案和评价规则中重点体现。二是学工部门整合机构，调整组织设置，增加相应职能。曾经一段时间，D 大学的学生工作部门比较分散，学生处、团委、就业指导中心、研究工作部等部门林立，再加之具有心理咨询、学生交换学习、学业指导、思想政治教育等多种功能的学院部门，可谓"支离破碎"，而造成这种局面的主要原因是高校内设机构行政化的扩展，其逻辑还是以行政机关权力扩展的自然属性为内核，而并未在教育规律支配下实施组织行为。因此，在学生评价工作中，由学校学生工作领导小组制定了全校统一适用的学生综合素质总则，再由各学院根据学院人才培养和专业

特质制定相应的细则,发挥了校、院两级的积极性和协同性。三是学工部门建立了社会需求调查与分析机制,及时准确了解对口社会用人单位的需求信息,科学预判用人趋势和职业发展方向,为调整学校培养方案提供决策参考,并将之定期融入学生评价,由出口导向牵引学生的学校选择和成长成才。

(三)创新方法:以能力素质指标体系建设切实提升学生评价的实效性

以能力素质评价指标体系构建为着力点,促进学生工作服务于学生成长的有效性,要求财经类高校对国际商务用人单位需求信息作出及时反应,一方面体现为对学生培养方案和学生活动的设计,另一方面体现为对学生个体选择的影响。对学生个体选择的影响,可采用的方式方法较多,其中D大学在设计大学生能力素质评价指标体系方面进行了重点尝试。一是组织团队调查收集社会用人单位的需求信息并进行科学分析,构建校本化的大学生能力素质模型,细化指标体系,直接与第一课堂专业教学和第二、第三课堂课外活动对接,制定了更加真实客观地反映国际商务人才的素质能力体系。二是设计发布机制,充分考虑了能力素质评价指标体系对学生微观行为选择的影响,尤其是在新生教育环节中重点开展将对学生在其在校四年产生潜移默化的影响;三是充分利用能力素质评价指标体系对大学生成长成才的持续性影响,分别针对新生、二三年级学生和毕业年级学生设计教育活动,如新生成长路径设计、中间年级学生专业见习和社会实践指导、毕业年级自我能力素质归类描述和职位选择等。D大学通过充分调动校级职能部门和学院积极性，为学生活动提供了充足的保障和支持，也通过积极支持学生社团自主开展社会活动提升素能。其中，评价体系在活动设计上起到了定盘星的指引作用。

(四) 精致管理：做好高校学生评价管理的顶层设计和过程管理

高校学生评价事务管理需要理念引领和执行体系，这就是科学的顶层设计。高校学生评价管理的核心理念不仅要考虑到人才培养的目标、特色和要求，更要充分认识到社会需求对人才培养规格的要求，因此，以"能力培养"为核心理念是高校改革的必然选择。D大学在近年教学改革和人才培养创新中深刻认识到，高校学生评价要掌握大学生的学习特质和认知规律，清醒意识到学生活动和学生事务管理是高校育人的重要环节，是锻炼学生动手实践能力的闭合路径。一是要善于梳理高校校园文化特色，形成学生参与校园文化活动的信息集群，尤其是要设计好新生教育流程，引导新生尽快熟悉并适应校园环境、掌握校园文化信息；二是要善于搭建各类活动载体平台，尽量鼓励学生自主设计和举办各类校园文化活动，辅导员等教师群体在做好过程监控管理的同时，积极发挥学生的执行作用，并在各类变式活动的举办过程中提升学生的熟练水平和能力；三是要善于引领学生主动反思，不断创新，尤其是要培养一大批学生骨干，不仅具有较强的组织领导能力，更要具有理论水平和思维能力。

（五）整合队伍：以科学化建设为愿景推进高校学生评价管理团队建设

辅导员队伍是高校学生评价管理的组织者和执行者，打造一支政治合格、业务精湛、善于合作的可持续发展型高效团队是学生工作科学化的人力保障。长期以来，高校辅导员主要依托学院工作岗位，接受学生工作部和学院的双重领导，岗位固定，较少流动，全校学生工作系统呈现"上面千条线，下面一根针"的局面。虽然这一设置能够基本满足学生管理的需要，但随着高等教育大众化发展的深入和"90后"大学生个性发展需要的加强，其管理层级过多等弊端逐渐显露。在探索高校学生管理创新的实践中，国内部分高校已经积累了一定的经验，D大学的做法和思路值得关注和研究。一是学生管理归位，将条块式管理转变为职能式管理。在传统学生工作模式下，辅导员负责所带年级或专业学生的全部日常教育和事务管理工作。管理归位就意味着全校学生工作队伍不再按照学院所属划分，而是统一在学校层面进行管理调配，包括绩效管理和工资待遇等；同时，辅导员也从大量烦琐的日常工作中适度解脱出来，按照学生工作的领域组建专业团队，进行专业化、职业化发展。二是日常教育归位，将思想政治教育融于学生的学习生活中。既有的学生思想政治教育形式较为单一乏味，难以为"90后"大学生所接受。部分高校采取了创建书院制、建立本科新生学院等创新方式，做到让大学生思想政治教育回归生活，使学生工作团队具备更多的工作载体和抓手。

　　高等教育人才培养是系统工程,强调的是高校和社会的协同育人机制与高校内部各系统的耦合机制。财经类高校深化国际商务人才培养,要立足于国内外经济社会发展前沿,突出社会需求导向功能,牢固树立复合型人才培养理念,扎实推进人才能力素质体系科学化构建,以"立德树人,能力为先"为标准,整合校内各系统资源,促进学生管理系统和教学管理系统协同育人,加强学生基本素质培养,提供交叉多元的多学科课程体系,强化职业能力生成机制,以深化人才培养改革切实回应社会对人才能力素质的预期。

第六章 思想政治素质评价创新：
以 Z 大学思政区块链
平台建设为例

百年大计，教育为本。时代越是向前，知识和人才的重要性就愈发凸显，教育地位和作用就愈发凸显。当今世界，新科技革命和工业革命正在孕育，新的科学技术层出不穷，这要求教育领域一方面应当更加关注科学技术发展，积极迎接技术变革带来的挑战，另一方面应加快科技成果在教育领域的转化和应用，推进教育高质量发展，破解教育改革的深层次问题。

在众多新科技成果中，区块链尤其引人注目。区块链通过对共识机制、密码学原理、分布式存储、时间戳、智能合约等技术的集成应用，具备了透明可信、安全防篡改、多中心、可追溯、自动执行等优势。这些优势使得区块链技术已经开始在多个领域实现探索性应用。教育领域自然不甘落后。2016 年,美国麻省理工学院媒体实验室和学习机器软件公司合作,开发了基于比特币区块链的数字证书系统 Blockcerts,并于次年向部分麻省理工的毕业生颁发了记录在区块链上的数字证书。2018 年,基于区块链技术的沃尔夫大学(Woolf University)在英国牛津成立;沃尔夫大学没有实体校区,该学校的管理、教学和科研等各项活动全部建立在区块链平台上。Z 大学自 2016 年起研发区块链技术在校内教学和人才培养中的应用,打通学校、校企合作、企业等不同学习场景的信息隔阂,通过链上可信数据降低在升学、应聘、学习成果认证等环节的验证成本,实现学习者在多个学习场景下学习过程和学习成果的终身记录。

区块链技术的特点以及区块链技术思想,为进一步深化教育改革提供了新的解决方案。2019 年 10 月 24 日,习近平总书记在中央政治局第十八次集体学习时指出,要积极推进区块链和经济社会融合发展,探索"区块链＋"在民生领域的运用,积极推动区块链技术在教育等领域的应用。未来,区块链技术在教育领域中具有巨大的应用潜力和发展潜力,在高校学生评价中也有广阔的应用场景,对记录学生的思想政治教育具有不可替代的技术效应。

一、区块链在打造终身教育体系中的应用

区块链去中心化、公共透明、安全、防篡改、打破信息壁垒等特性,使其在终身教育领域的应用中具有天然的优势,可以在学习记录、管理、成果认证及验证等方面发挥巨大作用。为此,探索基于区

块链技术的国家学分银行建设，发挥其在学习过程记录、信息安全管理、成果认证等方面的潜质，是区块链技术在终身教育领域的重要应用，也是其在整个教育领域的重要突破之一。本节将以学分银行为例，论述区块链在终身教育中的应用。

（一）区块链赋能下的学习过程：持续记录与真实可溯

在学习过程记录与管理方面，在时间戳技术的支持下，每位学习者在各级各类教育机构、企业，以及社区和社会组织等内的学习过程和结果，都可以被系统按照时间顺序自动记录下来，无需提请任何第三方教育评估机构进行登记、备案或审批。这意味着与学习者的学习过程和结果认证等有关的重要信息不再依附于教育机构，学习者可以自主选择和自我管理学习内容。同时，由于区块链是依据时间顺序来记录学习者在时间点上的学习内容和进度的，时间戳会为每份记录签署一个数字证书，并将其证书的哈希值存储在区块链中；依赖于创建的哈希值可以验证该记录是否被伪造和篡改，这为日后的管理及验证等提供了很大的便利。例如，2019 年 1 月国务院印发的《国家职业教育改革实施方案》明确提出，要"加快推进职业教育国家'学分银行'建设，从 2019 年开始，探索建立职业教育个人学习账号，实现学习成果可追溯、可查询、可转换"。运用区块链对学生学习过程的记录与管理，既是实现学生个体整个学习过程的全程可追踪、可查询、不可篡改、公开透明化的有效保障，而且也是高效助力职业教育国家"学分银行"建设的高科技技术支撑。

在信息数据验证方面，区块链技术作为一种新型信息加密手段,能够有力维护信息的可靠性和完整性,从技术角度有效克服当前开放教育,特别是终身教育领域由诚信度不高和监管水平较差等因素引发的信任危机。例如,实践中学习者在进行职业和学历提升时,可用私有密钥的形式将学习过程的完整记录传送给特定的教育机构、企业或者其他所需要的第三方组织;经授权后的教育机构、企业及其他组织可以简便地查询学习者全部的学习记录,以验证学习经历是否符合学历和职业提升的要求(黄庆平,2019)。

(二) 区块链赋能下的学习成果:智能认证与安全可靠

学习成果认证、学分积累与成果转换是国家"学分银行"的核心环节。但当前绝大多数"学分银行"在进行学习成果认证时,至少还需经过认证点对学习成果进行初审、管理分中心复审和管理中心终审三步。尽管在信息技术背景下,"学分银行"理论上应当朝无限扁平的方向发展,但诸如认证申请的受理、学习成果原件的审核、真伪鉴定、成绩证明审查和学分认定等功能是离不开人工服务的。因此,即使未来经中央政府授权的国家"学分银行"在创立一套全国性学分互认体系之后,还需要借助区块链技术打造一套低成本、自动化、安全可信的学习成果管理系统,使得学习成果认证、学分积累与成果转换变得顺畅高效。

在学习成果认证方面,可采用区块链智能合约的技术,根据学习成果认证标准体系的相关规定,自动完成学分的认证与存储。这主要是鉴于区块链技术信息不可篡改和可追溯的特性,保证学分认证的结果在各方监督下是安全可信的。这样,对教育机构而言,能够有效简化记录流程并提高认证效率;对学习者而言,在完成国家"学分银行"任一节点内教育机构任意课程的学习后,都可以通过学习成果管理系统申请对该课程的学习成果进行认证和存档(黄庆平,2019)。在学分积累方面,国家"学分银行"在利用区块链记录跨地区、跨教育机构教育信息的前提下,能够赋予不同教育平台中学习的社会成员同样有效的基础学分。这些基础学分按照国家"学分银行"制定的转换规则,就可以存储积累在国家"学分银行"内部形成标准学分。在成果转换方面,国家"学分银行"可以凭区块链技术手段保障学习者学习成果转换的社会信任度问题。鉴于区块链特有的安全机制和去中心化特征,被纳入国家"学分银行"体系中的各级各类教育机构和教育主管部门,能够高效简便地完成学分积累记录的查询工作,配合完善的全国性学分互认体系和学分交易的中枢系统,学习者可以将前期存储的标准学分顺畅地兑换成目标机构的证书、课程学分、学分证明等成果,无须担心其中是否存在公平问题。

区块链赋能下的学分银行系统可用图 6.1 予以表示。个人在各级各类教育起购、企业、社区、社会组织中的学习行为和学习成果信息,均可以被区块链系统采纳和存储,经过积累形成可信学习及工作记录。其中,由各级各类教育机构发布共识机制,并形成区块链系统中的智能合约;个人的学习行为在符合智能合约条件时,会自动触发合约,在区块链的认证下,直接形成学分或学习成果。经过区块链或者跨链云计算,各类学习行为及成果的信息不仅被保存下来,而且经由被赋予不同数据控制权的路径,反馈到"学分银行"的参与方,最终形成闭合循环。

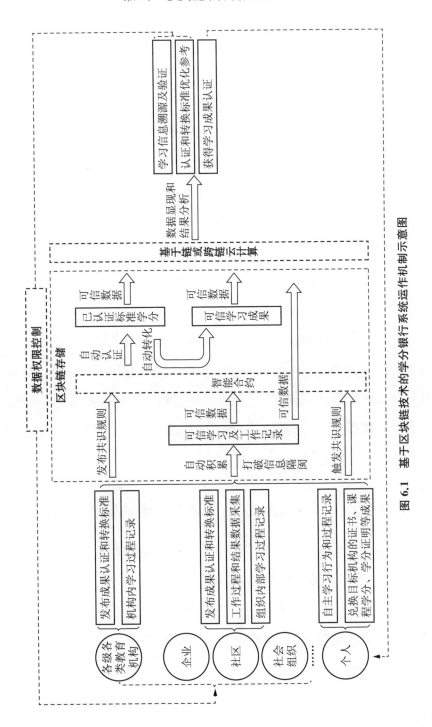

图 6.1　基于区块链技术的学分银行系统运作机制示意图

在未来的探索中，若要进一步推动"学分银行"区块链的真正落地，还需要从以下方面展开深入研究。一是设计适用于各级各类教育机构的成果认证和转换标准，用来编码智能合约；二是随着学习者的学习记录和有效学习成果的不断增多，区块链上的默克尔树（Merkle tree）结构将会变得非常复杂，并在一定程度上影响学习成果认证的效率，故未来可考虑引入索引默克尔树（index Merkle tree）结构来进行系统优化（李志宏等，2019）。

二、区块链在完善教师队伍建设中的应用

教师是教育发展的第一资源，是教育变革的中枢环节。新科学技术的出现对教师队伍建设提出挑战的同时，也为应用新技术破解教师队伍建设的难题提供了机遇。区块链技术和区块链技术思想，为教师发展提供了新的解决方案，"区块链＋教师发展"将成为重要的师资队伍建设途径。

（一）提供个性和持续的支持，构建教师区块链成长档案

教师职业是高度专业化和高度个体化的，教师基于一定的专业技能，逐步探索和形成独特的教育方法或者理念，在理论和实践领域均具有一定的价值；这种主动进行的教师发展不仅是因材施教的教育规律的潜在要求，而且符合数字经济和创新发展对人才培养的要求。每一位教师对于发展的需求、发展目标的设定，以及发展方式和路径的选择都是高度个体化的。有效的教师发展一方面必须

尊重教师的主体性,以教师为中心,服务教师选择;另一方面必须基于多样性的个性服务,满足不同教师的不同需求,为多样性选择提供稳健支持。

区块链、大数据、云计算和人工智能等技术的有效集成,可以为每一位教师建立记录整个职业生涯周期的"区块链成长档案"。该档案可以有效记录每一位教师在不同时间、地域、领域进行的发展行为与取得的发展成效,有效解决由体制机制不同、时间地点差异,以及学科领域不同等造成的教师发展信息"孤岛"。在此基础上,凭借区块链的信息提供功能,以及云计算和人工智能等技术的支持,能够为每一位教师的不同需求提供真实可信且有针对性的支持服务,精准匹配教师所需,有效助力每一位教师的发展。

(二) 建立教师发展评估制度,实现教师发展的良性循环

教师发展评估在教师发展过程中扮演极为重要的角色,一方面,是因为各种发展策略是否以及如何对教师的态度、认知和行为产生影响,教师的改变是否已经如何对学生的学习态度、行为和结果产生影响等诸多关键问题,都需通过评估来解答;另一方面,教师下一步的调整都要基于评估的结果,评估的科学性和客观性关乎教师发展成败。与此同时,教师发展是一种"自我革命",需要教师洞察、暴露、反思、挑战和变革自己的不足,此过程的挑战不仅是在知识和技能层面上的,也是在态度和价值层面上的。这是有效教师发展必须关注个人发展的重要原因,同时,再次说明评估信息必须精准和客观。

区块链技术去中心化的分布式设计,可以确保各类信息经过各方认可才能记录在链,有效杜绝误解、偏见和利益驱使等造成的认知偏差和信息失真。区块链技术能够确保信息有效溯源和长期记录,这可以充分全面地记录从施加教师发展干预、教师行为转变到发展结果呈现的全过程。这不仅有利于教师个人审视自己的变化和成长,以帮助自身规划长期的发展计划,而且有利于为教育机构制定长期和有效的发展政策,为实施体制机制变革提供科学依据。

(三)优化教师发展体制建设,完善教师队伍的治理体系

构建教师发展体制机制的核心在于尊重和维护教师的主体地位,强化教师发展的服务意识,提高教师发展的服务能力。首先,区块链技术及其代表的透明化、多中心、扁平化等理念,有利于教师发展的体制机制建设更加关注教师的需求,组织发展更加顺畅有力,更加关注各项政策的服务性和支持性,进一步以教师为中心进行政策规划和机构建设。其次,在区块链技术的赋能下,师资队伍管理机制、教育信用机制和教师信用机制等与教师发展息息相关的制度必将逐渐完善,教师队伍和师德师风建设得到进一步优化,教师职业环境更加友好和开放透明,这些都为教师发展奠定了良好的制度和组织基础。然后,真实且长期的数据记录、良性的教师发展循环,可以有效促进与教师发展相关的研究的发展,为教师发展学术共同体的建设提供有力支撑。最后,扁平化的管理制度架构、广泛参与和多元治理的制度环境,有利于教师专业共同体的发展壮大,提升教师群体的自觉性,促进教师职业群体的自我管理、自我监督、自我

规范和自我发展,同时也便于其他相关主体参与教师发展,完善教师队伍治理体系。

(四) 保护教师发展知识产权,助力创新型教师队伍建设

技术发展在为创新供给要素的同时,也使得危及知识产权的行为变得非常普遍;囿于技术复杂性,维权过程通常较为艰难。这就造成了侵权行为频发与维权过程艰难相伴的困局。区块链技术在知识产权和创新保护方面,具有显著的优势和重要的应用价值。通过区块链技术的可追溯特性,可以有效解决知识产权来源信息查询和鉴别困难的问题,保证有效溯源和高效追溯,实现“发布即保护”。通过区块链的信息持续记录特性,可以在保护知识产权的同时,有效保存侵权存证,为解决纠纷提供有力支持,提高维权效率。

在区块链技术的赋能下,教师发展的创新将得到有力保护,所有经过认证的创新活动都将被认可并得到长期有效的记录。这样,教师发展可以围绕实践教育的教学需求和教师需求,探索多种教师发展路径,创新教师发展策略;促进围绕教师发展开展多学科和交叉学科的学术研究,催生创新科研成果;实现科学研究创新和实践创新交互融合,成为新思想、新技术和新措施层出不穷的创新沃土。

三、区块链在高校思想政治教育中的应用

教育部等八部门发布的《关于加快构建高校思想政治工作体系的意见》提出“健全立德树人体制机制,把立德树人融入思想道德、

文化知识、社会实践教育各环节,贯通学科体系、教学体系、教材体系、管理体系,加快构建目标明确、内容完善、标准健全、运行科学、保障有力、成效显著的高校思想政治工作体系"的总体发展目标。将区块链技术与高校思想政治教育发展相结合,有助于高校思政体系现代化的实现,为破解当前阶段高校思政体系发展存在的约束条件、提升高校人才培养质量、加强思想政治教育的实效性,提供了方法思路。

(一) 实现各类学习过程真实记录,保障思想政治教育有效可靠

从人才培养的思想政治教育环节来分,知识的摄入和积累属于"知"的范畴,在"知"环节以外,"情""信""意""行"所代表的情感、信念、意识、践行也构成人才质量和就业能力的重要标准。思想政治教育"痕迹"和"轨迹"都是高校毕业生政治素质的重要识别内容。区块链技术具有可溯源、不可篡改、去中心化等技术特点,能够有效将高校学生在校期间的学习记录、第二课堂的学生思政活动,以及与思政课关联的社会实践实习经历如实记录,并在社会用人主体联动共建过程中进行双向互动,实现高校人才培养与社会用人的互嵌。在提升高校人才培养的针对性的同时,也保证了用人单位信息的准确性。

(二) 促进社会多主体参与人才培养,共同建构思政教育知识课程体系

在 2020 年秋季学期,Z 大学正式推出由区块链支撑的"一起学

习思政课"小程序,用来服务思政课教学。"一起学习思政课"小程序致力于为高校思想政治课程教学数字化提升提供一体化解决方案,是高校思政课程在线互动教育平台、思政课程课堂教学管理平台、思政高品质课程内容共建平台、青年思政动态监测与科研数据平台。从形式来看,它是青年喜欢的短视频平台。该平台实现了将课程学习的线下课堂搬到线上课堂,打破学习时间束缚,学生和教师能更合理地安排时间。除了形式创新,"一起学习思政课"小程序还实现了主体创新,聚集校内思政责任主体、融合政企学研"一起学习思政课"小程序模式。一方面,平台翔实记录了学生学习痕迹和成绩,同时第二课堂就是校园活动优秀学生成果在平台发布,激发了学生思政学习的积极性。另一方面,平台可以为国企党建提供优秀资源、优秀师资,推动国企高校联动学习,将中央企业的优秀党建实践探索带进教学和数字展示,以此反哺高校思政课。同时,平台翔实记录了高校学生在第一课堂、第二课堂的思政表现,可以为国企党建等岗位推荐素质过硬、能力过硬的实习生。"一起学习思政课"网络学习平台将联合中央企业区块链合作创新平台,整合后者的优势资源,推动思政课网络学习平台进入中央企业,带动优秀党课师资联动学习,带动企业党建业务快速发展。

(三) 畅通高校人才供需信息渠道,精准匹配企业各类人才需求

在高校学生就业环节中,校企双方在人才供需的信息资源对接上出现障碍,是高校就业工作中经常遇到的事情。在供需信息无法

实现有效、精准对接的情况下，就业的不确定性极大，"摩擦"成本极高，造成人才资源错配，人力资源配置效率低下，不仅对求职者和用人单位造成困难，而且降低了社会的整体效率。区块链技术的出现，为解决这一问题提供了新的路径。区块链技术基于价值交换协议进行计算和传输信息，通过记账算法确定信息数据内容的选择，并以时间戳为重要的参考依据，能够实现基于区块链的分布式数据库存储功能。这种基于区块链的分布式数据库存储，可以实现链内用人方和求职方信息的共享，并根据岗位、技能、数量等情况的变化，即时向全网单元发布并更新。通过区块链赋能，教育主管部门和行业协会发布的就业信息，将更加公开、透明和可获得，并且精准、精确和及时地呈现给所有就业参与者，在就业阶段促进校企双方实现人才供需的精准对接。

(四) 形成和落实多中心理念标准，推进高校资源平台共建共享

高校在进行跨专业领域、跨学校类型、跨行政区域等的人才培养、科学研究和社会服务方面的校际合作时，经常会遇到管理体系和隶属关系的不利影响。在区块链技术出现之前，这一问题并没有特别有效的解决方式。区块链技术中联盟链的思想，为破解这一难题提供了新的思路。通过构建高校联盟链，将高校体系参与方的院校、行业协会、企业及各种团体或个人联合起来，搭建教学资源共享平台，实现院校校际资源和信息共享的双赢模式。在共享平台中，成员中优秀示范院校和行业企业中的翘楚可以作为教学资源库建

设的审验节点,其他参与方可作为监督者进行共同监督。在主体认证真实有效的情况下,各成员院校能够以较低成本,从共享平台中获取所需教育资源。更重要的是,此过程在其他成员院校的共同见证下进行,一方面,有利于实现平台中各方在学习过程和结果等方面的互认,另一方面,有利于促进双方以可接受的方式进行"支付"或"兑换",实现教学资源及信息的互换,从而达成良性循环。

四、Z 大学在党史教育学习活动中应用区块链平台的案例分析

在中国共产党成立 100 周年之际,全国各级党组织正在开展党史学习教育活动。习近平总书记在视察清华大学时强调:"当代中国青年是与新时代同向同行、共同前进的一代,生逢盛世,肩负重任。广大青年要爱国爱民,从党史学习中激发信仰、获得启发、汲取力量,不断坚定'四个自信',不断增强做中国人的志气、骨气、底气,树立为祖国为人民永久奋斗、赤诚奉献的坚定理想。"按照习近平的指示,高校认真落实部署,准确把握青年的思想特点,贴近青年的需求,着力讲好党的故事、革命的故事、英雄的故事,引导青年学生听党话、跟党走。作为 2021 年一项重要学习活动,Z 大学认真抓好落实,在青年党史教育学习活动中充分应用区块链技术平台,把青年党史学习教育成果作为评价学生思想政治素质的重要内容,切实做好党史学习教育的成果转化和效果巩固工作。

(一) 党史教育学习促进青年树立正确党史观,提升时代领导力

中国共产党的百年奋斗史,就是一部建立、完善和发展自身领导力的历史。在革命战争时期,随着马克思主义传入中国,并不断促进马克思主义与中国革命实践相结合,与中国工人运动相结合,中国的革命运动有了科学的理论指导。在中国共产党领导下,中国革命开始由被动挨打转变成主动谋划。毛泽东曾指出:"自从中国人学会了马克思列宁主义之后,中国人在精神上就由被动转为主动"。至此,中国共产党强大领导力就有了科学的理论指导。在中共七大会议上,确立了以毛泽东思想为党的指导思想;选举产生以毛泽东为核心的第一代成熟领导集体,这为中国革命在政治上、思想上、组织上提供了坚强保障。①在革命时期,中国共产党形成了正确的思想路线、良好的精神风貌和优良的工作作风。毛泽东在 1939年《〈共产党人〉发刊词》中强调,要赢得革命的最终胜利,就必须把中国共产党建设成为"一个全国范围的、广大群众性的、思想上政治上组织上完全巩固的布尔什维克化的中国共产党"。加强党的建设,增强党的领导是革命取得胜利的关键,从此中国共产党的领导力的科学化水平也越来越高。

新中国成立以后,中国共产党团结带领中国人民由争取革命胜利转变为社会主义建设上来。毛泽东在革命胜利前夕向全党发出

① 《从党的七大汲取看齐意识的精神力量》,《理论中国》,http://www.china.com.cn/opinion/theory/2020-051301content_76107962.htm。

号召,要做到"两个务必",并以进京赶考的心态接受人民和历史的检验,不断加强党的自身建设和领导力建设,使党的威望空前提高。同时,面对社会主义建设的艰巨任务,中国共产党及时调整社会主要矛盾和主要任务,也使得党的领导能力向着更加精准的方向发力。在改革开放初期,面对世情、党情、国情的新变化,以邓小平为主要代表的中国共产党人进一步强调加强党的领导力建设的重要性,这为改革开放和社会主义现代化建设提供了坚强有力的政治保证。邓小平提出"为了坚持党的领导,必须努力改善党的领导"这一重大命题,并指出"怎样改善党的领导,这个重大问题摆在我们面前。不好好研究这个问题,不解决这个问题,坚持不了党的领导,提高不了党的威信"。①

党的十八大以来,以习近平同志为核心的党中央高度重视党的领导力建设。在统筹推进"五位一体"总体布局、协调推进"四个全面"战略布局中,全方位提升和发展了党的领导力,党和国家的事业取得了历史性成就。在中国共产党的坚强领导下,中国如期完成全面建成小康社会目标,对脱贫攻坚取得决定性胜利,并乘势而上开启全面建设社会主义现代化国家新征程。"打铁还需自身硬",回望中国共产党的百年奋斗史,党团结带领中国人民战胜了一个又一个艰难险阻,取得了一个又一个胜利辉煌,一个重要的基本经验,就是要不断坚持和加强党的全面领导,提升党的领导能力。在新时代,我们处在面对世界形势深刻变化的历史进程和应对国内外各种风险和考验的历史进程中,必须要在坚持和发展中国特色社会主义中

---

① 引自《邓小平文选》,中央文献出版社 1983 年版,第 271 页。

保持党的坚强领导核心地位。习近平总书记号召全党，要"不断增强党的政治领导力、思想引领力、群众组织力、社会号召力，确保我们党永葆旺盛生命力和强大战斗力"。在新时代中国特色社会主义的实践中，要以党的坚强领导和顽强奋斗，激励全国各族人民为实现中华民族伟大复兴不懈奋进。

（二）中国共产党领导力的继承发展，需要青年从党史学习中汲取丰富营养、培养新时代领导力

青年是祖国的未来，民族的希望。培养新时代青年领导力需要青年从党史教育中汲取养分，并不断借鉴中国共产党建设党的领导力量的经验，努力培养青年成为担当民族复兴大任的时代新人、成为德、智、体、美、劳全面发展的社会主义建设者和接班人。明镜所以照形，古事所以知今。习近平总书记在党史学习教育动员大会上指出，"党的历史是最生动、最有说服力的教科书"，"历史是最好的老师"，只有在深入学习党史过程中深入思考汲取养分，才能面向未来。新时代青年需要从可歌可泣的历史篇章中学习感悟坚定理想信念，增强"四个自信"。

青年学习党史要"激发信仰"，追求更有高度、更有境界、更有品位的人生。中国共产党的最高理想是共产主义，实现共产主义不仅意味着人民群众实现最终解放，共产党员个体也通过奋斗实现了理想，这既是社会层面的历史性革命，也是个体层面实践活动与道德修养的统一。中国共产党当年率领红军长征并取得革命胜利，所依赖的强大动力就是实现民族独立和人民解放的革命理想，以及不怕

牺牲、敢于胜利的革命精神。新时代青年"激发信仰"，要深刻认识到中国日益走近世界舞台中央，党身处更加复杂的国内外执政环境，对青年"接力赛"提出了更高的政治要求；要清晰认识到经济市场化、利益多元化、价值多样化影响青年的社会行为和人生选择，理想和责任比以往任何时候都稀缺和重要；要高度自觉接受党和人民的教育引导，经受利益考验，抵制不良价值侵袭，传承革命先辈初心，把个人奋斗和道德修养与"两个一百年"奋斗目标及构建人类命运共同体事业无缝对接，不忘苦难，续写辉煌，创造当代青年的无悔人生。

青年学习党史要"获得启发"，敢为人先、敢于突破，矢志奉献。中国共产党的坚定信念是建设中国特色社会主义。中国共产党带领人民经过几十年的发展走过了发达国家几百年发展道路，依靠的方法就是将马克思主义普遍真理与中国实践结合，不断推进马克思主义中国化进程。新时代青年要敢为人先、不断超越，要继续发扬求真精神，自觉接受科学理论指导，真学真信，让习近平新时代中国特色社会主义思想落地生根；要继续发扬求是精神，以青春热情投入新时代伟大实践，不断探求和创造，让中国特色社会主义不断增添新的时代内涵；要继续发扬求正精神，牢记"中国特色社会主义是社会主义，不是别的什么主义"。

青年学习党史要"汲取力量"，肩负使命，行胜于言，在实干中成就事业。中国共产党的宗旨是为人民服务。新时代青年重任在肩，要深刻理解和践行以人民为中心的发展思想，满足人民美好生活需要就必须提升青年一代的整体创新创造能力，将能力提升作为理想信念的落脚点，俯身躬行，拜人民为师；要深刻把握国家治理体系和治理能力现代化的重大意义，实现现代化强国目标和全球善治必须紧紧依靠青年一代树立法治思维、提升文明意识、构建协商话语、提高治理能力。同时，各级党组织要牢记习近平总书记的嘱托，"要真情关心青年、关爱青年，做青年工作的热心人"，把培养善于担当的青年梯队作为党治国理政的人才保障，让实才、实干、实效成为新时代青年的"最亮名片"。

（三）通过区块链技术完整记录学生党史教育活动的成果信息

2019 年 7 月，国务院办公厅发布《关于加快推进社会信用体系建设　构建以信用为基础的新型监管机制的指导意见》，提出以加强信用监管为着力点，建立健全贯穿市场主体全生命周期、衔接全监管环节的新型监管机制。当前，中国高校进入创新发展新阶段，学生评价更需要与高质量发展相适应。在此背景下，借助以区块链为代表的高度可信性、高度开放性和高度自治性新技术，整合现有教育数据资源与系统，构建教育信用体系，对实现高校教育治理能力现代化具有重要意义。在此次党史教育学习活动中，青年党史教育学系记录就是利用区块链记录创新立德树人的重要应用场景。

1. 教育信用信息的收集：真实可溯

信息是信用体系建立的基础，信用信息本身的真实、可核查、可追溯，是在陌生社会构建可信机制的基本要求。信息造假是破坏经济社会信任机制的主要问题，也是教育信用体系构建需要解决的首要问题。区块链技术的出现，构建了一种建立在数学基础科学之上的，基于数字算法的安全可靠且不可篡改的算法信任，是现有社会人格信任和系统信任的一种加强和优化，具有低成本、不可篡改、可追溯的特点（郝国强，2020），在解决信用体系信息真实准确、可查可溯问题方面具有天然优势。

将区块链用于教育信用信息的记录，首先要创建包含信用主体的基本信息的数字文件，然后信息主体用私钥进行签名，再利用私钥在区块链上创建一条数字记录，学校等教育机构用自己的私钥再签署一份有完整信息记录的数字证书并生成一个哈希作为水印，来验证是否有人篡改证书的内容。区块链技术的应用改变了教育信用信息的记录、验证和共享机制，信息主体不需要烦琐的自证过程，不用担心证书或者记录遗失损毁或篡改，用人单位只需要使用区块链校验工具就可以验证信息的真伪，这降低了招聘的成本并提高了教育数据的公信力。对于一些需要追溯或者核查的失信信息记录，也以上述类似的方式通过区块链记录，能够便捷地溯源到信息的初始记录状态与责任主体，确保上链信息的真实有效。

2. 教育信用信息的互联：安全共享

随着教育信息化的不断推进，各级教育部门、学校、教育企业、教育社会服务组织等都已构建起自己的数据库与信息系统。爆发式增长的大数据提高了教育决策的科学性与准确性，但同时也引发了一系列问题。区块链加密技术能够有效保障数据安全，改变当下数据易泄露、易被利用的现状。区块链能够永久扩大记录列表，有效避免数据被黑客篡改。区块链上的数据分布在对等节点之间，从而使每个用户有权生成并维护数据的完整副本,避免单个主体受攻击造成系统瘫痪。因此,将区块链技术应用于现有教育信息系统中,能够提升教育管理信息化支撑教育业务管理、政务服务、教学管理等工作的能力,保障涉及教师、学生、学校等关键信息的安全和不被泄露。

《教育信息化 2.0 行动计划》提出,以"互联互通、信息共享、业务协同"为目标,推进教育政务信息系统整合。以区块链技术构建的教育信用体系,不仅联通教育系统内部的信息"孤岛",同时可以与社会信用体系互联互通,避免教育类数据在不同领域的重复采集,归纳出教育领域信用建设的特殊性问题和重点关注名单,使行业信用体系和公共信用体系互联互通,实现教育类信息数据分级、分层、有效共享。此外,区块链在教育信用体系中的应用价值还在于其能够构建一种"多元主体共同参与的扁平化决策"机制(蒋余浩、贾开,2018),可以解决上下级政府之间庞大的信息交互处理问题,而这正与信用监管扁平化思维相契合。

3. 教育信用信息的管理:透明公正

尽管中国社会信用体系已经初步建成统一的信息共享平台,但政府信用在公共决策、财政预算、教育医疗、社会保障等领域,均存在透明度低、缺乏有效监督等问题(郝国强,2020)。其最重要的原因是信息不对称,主要是信息不透明和易被篡改。现有教育治理仍然带有科层制色彩,在大数据中隐藏着控制权能的风险。信息公开制度的推行赋予了公众知情权;但在海量数据面前,民众实质参与社会治理效果有待衡量。

区块链通过各个链上节点的分布式记录,实现了多元主体治理,这些记录具有高度开放、高度透明的特点。在教育信用体系中,上链的数据,尤其是教育主体失信记录将完全公开且无法篡改,政府部门的信用监管过程也将透明公开,这可以提高对失信人的震慑力,增加其失信成本;可以提升政府公信力,实现教育治理的公开、公平、公正;同时,构建政府、学校、社会各方共同参与的教育区块链,有益于推进政府转变教育行政职能,将政府一家独大的治理模式转变为政府、学校、社会多方治理,教师、学生、家长共同参与的多中心治理模式。

4. 教育信用体系的监管:精细自治

随着教育治理向精细化、动态化方向纵深推进,教育信用体系的建设,需要顺应社会信用体系发展的总体趋势,根据信用等级高低采取差异化的监管措施,实现守信激励和失信惩戒的"硬约束"效能。2019年,教育部《关于加强教育行政执法工作的意见》对教育执法行为重点范畴作出了规定,提出要加强信用监管,建立教育行业诚信档案,记录各类办学主体的违法信息,与相关部门建立联合惩戒机制。

区块链搭载智能合约机制,能够将可编程的功能嵌入区块链中,当条件触发时,自动执行;确保失信被执行人的信息在不同部门和业务场景下能被准确对应,实现失信信息通报、失信惩戒、信息反馈等过程自流程化。区块链的这一应用为解决教育监管、教育执法的空白与滞后提供了有益的思路。教育信用体系可以借助区块链技术将信用信息公开与风险防控相挂钩,实现自动预警、自动推送、自动拦截、自动惩戒。在此基础上,借助区块链在记录数据记录上的完整性、细致性、动态性、连续性特点,能够对记录主体形成精准刻画,实现教育治理的分类分层,实现教育信用的分级监管。例如,区块链所识别分析出的办学守信学校,可以自动免检,自动延长办学许可期限;区块链所推送的办学失信学校,在异地办学申请时将被自动拦截。

5. 通过区块链把高校青年党史学习教育成果纳入学生综合素质评估

第一,思想政治素质评价创新是新时代评价改革的核心内容。中共中央国务院发布的《深化新时代教育评价改革总体方案》指出:树立科学成才观念,要坚持以德为先、能力为重、全面发展,完善综合素质评价体系,切实引导学生坚定理想信念、厚植爱国主义情怀、加强品德修养、增长知识见识、培养奋斗精神、增强综合素质;完善德育评价,要传承红色基因,增强"四个自信",立志听党话、跟党走,立志扎根人民、奉献国家。①党和国家的事业进入新发展阶段,构建国内国际双循环发展体系更需要培养当代青年的家国情怀和国际视野,培养思想政治素质过硬的青年一代是面向民族复兴伟业的重要人力支撑。

第二,将大学生党史学习教育成果作为思想政治素质的重要内容。高校目前在开展全校党史学习教育活动中,注意抓好青年大学生群体,开展第一课题专题讲授、第二课堂各类文化活动比赛、学生党员和骨干开展宣讲等形式。进一步做好大学生党史学习教育活动,更要与思想政治教育评价改革密切衔接,将大学生党史学习教育表现纳入学生综合素质评价,做好过程评价,客观记录学生党史

---

① 引自 http://www.gov.cn/zhengce/2020-10/13/content_5551032.htm。

学习表现；做好结果评价，科学评价学生党史学习成果，尤其要在思政课和课程思政中融合党史学习内容，全过程提升党史学习内容在学生评价中的占比。

第三，将大学生党史学习教育成果作为应届毕业生就业政治素质考核的重要方面。高校毕业生进入就业环节，政治素质考核是必要环节，对于公务员、事业单位、国有企业、升学等就业方向而言，政治素质考核更是需要严格落实的地方。在建党 100 周年之际开展党史学习教育，就是要让青年大学生接受洗礼、坚定理想、从心出发、向心而行。高校要建立学生党史学习档案，完善青年党员和学生学习党史过程记录和结果考核，充分利用互联网和区块链技术，牢固、可信、防篡改，为政治审核单位提供详细真实的学生思想政治素质全面记录。

第四，借助党史学习教育活动推动校企党建融合和人才培养联动。党建是国有企业的"根"和"魂"，是中国国有企业的独特优势。新时代加强国企党建要在"聚"和"融"上做文章。一方面，要加强与高校科研院所的联系，引入高校思政资源加强国企党建理论学习资源；另一方面，高校要积极为国企党建培养理论实践复合型人才，提升基层党组织的战斗力和创新能力。此次党史学习教育国企和高校可以在聚融党建上下功夫，通过区块链技术打通高校人才培养、学生评价与企业党建、招聘考核之间的壁垒，通过校企联通学习，实现教育学生、培养后备力量的目标，同时通过党史学习具体考察检验学生思想政治素质。同时，高校应该与国企党建建立长效机制，根据国企党建工作实践准确定制企业党建人才培养的素质能力体系和培养机制，实现高校和国企在人才培养工作方面的无缝对接。

第七章　核心能力评价创新：
以 D 大学国际商务人才
跨文化能力评价为例

　　高校国际商务专业是为适应中国对外开放和国际贸易新形势而设置的新专业，旨在培养具有开阔的国际视野、扎实的商务理论和实务及国际商法基础，能够较熟练地应用国际法规和外语开展商务活动的复合型应用人才。中国经济发展得益于建设开放型经济、全面融入世界市场、高效利用国际资源，新常态下的中国经济将表现出前所未有的外部性特征，对亚太乃至全球经济发展产生深远影响。尤其是"一带一路"建设和亚洲基础设施投资银行（AIIB）的创立，将使中国与亚洲各国（地区）和其他相关国家和地区的商务往来更为密切，中国正在深度融入经济全球化进程之中。

　　在此背景下，中国企业"走出去"面临巨大发展机遇，也身负重大使命。"一带一路"沿线国家和地区的需求不再是简单的工程建设项目和产品制造，而是包括设计、规划、融资、建设、管理和运营等方面的综合服务和大型成套设备，这对"走出去"的中国企业提出了更高的要求，急需中国高校培养大批通晓国际规则、专业能力较强的国际商务人才。其专业能力体现在：(1)国际商务专业知识储备。国际商务形态的深刻变化直接促使了相关从业人员知识技能要求的复合化，国际商务专业知识的要求已从初始的国际经济贸易，扩展为包括金融、法律、管理和信息科学等在内的多学科复合的庞大知识体系。(2)多语言能力。除母语外，国际商务人才需要掌握国际贸易中广泛使用的工作语言，包括英语、法语或西班牙语等。(3)跨文化能力。跨文化能力不能简单地等同于多语言能力，它还涵盖思维方式、价值观、文化、人际交往和沟通合作在内的多重叠加的实践能力。已有的研究表明，跨国公司海外员工不能适应国际商务环境已成为国际商务失败的首要原因。例如，美国企业外派人员提前回国比例高达 16%—40%，美国企业因此而导致的直接损失达到 20 亿—25 亿美元(吴箫等，2013)。因此，面对新形势，中国高等学校国际商务专业人才的培养工作必须作出及时科学调整。一方面，改善知识结构，提升其基本素养和专业能力；另一方面，必须高度重视系统培养学生在各种商业文化背景下的跨文化能力和工作胜任力。

一、国际商务人才跨文化能力培养研究综述

关于跨文化能力的系统研究和讨论，兴起于 20 世纪的欧美发达

国家。随着经济全球化的深度推进和各国对跨文化研究的普遍重视，跨文化研究已成为语言学与社会学等相关学科领域中的"显学"。学界对跨文化能力的内涵和构成及其培养路径问题存在不同观点，而且对于如何培养跨文化能力的观点也不尽相同（潘亚玲，2008）。关于跨文化能力的内涵，目前至少存在三种定义路径：第一种认为跨文化能力的实质是学习能力，即将对立的价值观转化的能力（Hoecklin，1995），这种观点具有辩证色彩，并没有设立一种标准文化价值观，而且强调交际技巧在沟通中促进理解的效果。第二种认为跨文化能力是一种学习过程，或者是跨文化适应的过程，这种观点较为普遍，认为跨文化是个体不断学习进步的过程，是由单一文化到多元文化的发展过程。第三种认为跨文化能力是个性和态度，认为具备了包容个性的交际主体更容易做到跨文化交流，并在交际过程中表现出乐观、自信、主动积极和妥协等个性化特点。

关于跨文化能力的构成，国内外学者可谓观点纷呈、各自有据。西方学者主要是从心理学路径方面进行分析的，构建跨文化能力本体论，大体可以从认知、情感和行为三个范畴进行认识。如Campinha-Bacote(2002)总结了五要素分类方法，包括跨文化意识、跨文化知识、跨文化技能、跨文化碰撞和跨文化愿望，该观点较具代表性。但国内学者研究跨文化能力普遍集中在外语教学和研究领域，所以他们更关注跨文化能力培养，对跨文化能力本体和构成关注较少（许力生、孙淑女，2013）。国内学者普遍认为跨文化能力主要包括跨文化意识、跨文化知识和跨文化技能三要素（高兆金，2010），从能力类型可以分为跨文化思维能力、跨文化适应能力和跨文化沟通能力(陈准民、王立非,2009)。

　　具体到跨文化能力在国际贸易和商务领域应用的讨论,Hoecklin(1995)认为文化意识是在国际贸易中对文化差异的反映,同时良好的跨文化意识是跨文化贸易活动增强竞争能力和优势的重要条件。对国际商务人才所应具备的商务能力的研究,美国学者比奇洛具有重大贡献,他提出跨文化商务环境下的商务能力应涵盖十个方面:对文化和组织的理解力、适应能力、建立关系能力、系统和多视角的思维能力、态度、敏感性、语言能力、文化影响下的决策能力、外交能力和跨文化能力(李宋昊,2006)。国内有学者将国际商务领域的跨文化能力界定为:国际商务人员有效运用一系列跨文化知识、技能等认知要素进行有效沟通,适应文化差异并采取有效行动,与来自不同文化背景的人士进行商务合作的能力(肖芬、张建民,2012)。

二、高校国际商务专业人才跨文化能力生成分析

　　关于跨文化能力生成过程,美国国际教育管理者协会主席达拉·迪尔多夫(Deardorff, 2004)认为,跨文化能力不仅包括了意识、知识、技能和能力等多种要素(如图 7.1 所示),还包括了这些要素的转化关系(如图 7.2 所示)。国内长时间关注研究跨文化能力的许力生、孙淑女(2013)认为,全球化语境下的跨文化能力也不再是单向适应目的语文化的交际能力,而是具有多元文化意识的开放型跨文化人格,即要求交际者在保持原有文化身份的同时超越任何特定文化进行国际交流。通过以上对国际商务领域跨文化能力构成和生成

的分析，结合高校国际商务专业人才培养现状，我们认为，跨文化能力应该包括态度、商务知识、商务技能、商务素养、商务交际和人格达成这六个要素，跨文化能力生成包括个体和个体间这两个环节范畴。

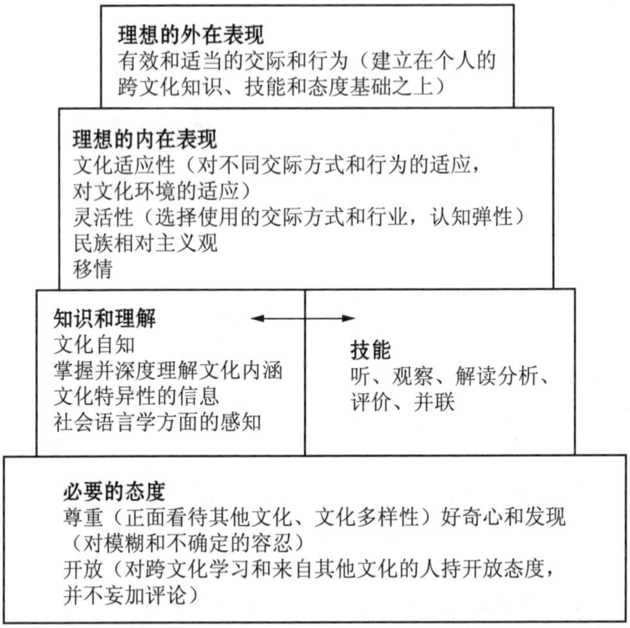

理想的外在表现
有效和适当的交际和行为（建立在个人的跨文化知识、技能和态度基础之上）
理想的内在表现
文化适应性（对不同交际方式和行为的适应，对文化环境的适应）
灵活性（选择使用的交际方式和行业，认知弹性）
民族相对主义观
移情
知识和理解
文化自知
掌握并深度理解文化内涵
文化特异性的信息
社会语言学方面的感知
技能
听、观察、解读分析、评价、并联
必要的态度
尊重（正面看待其他文化、文化多样性）好奇心和发现（对模糊和不确定的容忍）
开放（对跨文化学习和来自其他文化的人持开放态度，并不妄加评论）

图 7.1　跨文化能力素质金字塔模型

资料来源：Deardorff(2004).

个体
态度
知识和理解技能
过程导图
理想的外在表现
理想的内在表现
互动

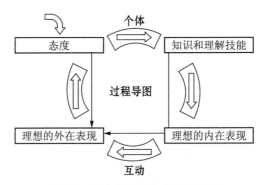

图 7.2　跨文化能力生成的过程图

资料来源：Deardorff(2004).

（一）跨文化能力的构成要素

跨文化能力由如下要素构成：(1)对跨文化的积极态度，包括对多元文化的尊重、对多元文化的开放学习态度，以及对其他文化的好奇心和探索欲。(2)跨文化商务知识，包括各种文化的商业习俗和商务礼仪、对母文化的自知与对其他文化的深入理解、商业伦理道德认知等。(3)跨文化商务技能，指外语读写和理解能力、沟通能力和信息能力、商业分析和判断能力，以及经济、管理、贸易和法律方面的基本实务技能。(4)跨文化商务素养，指理想的内在表现，即对不同文化背景商务环境的适应性和灵活性。(5)跨文化商务交际，指理想的外在表现，即有效得体的跨文化商务交流沟通。(6)跨文化人格，即在保持原有文化身份的同时具有超越特定文化的心理特征和人格特质，是理想的内在表现和理想的外在表现的统一及超越。

（二）跨文化能力生成环节

首先，从跨文化生成的场域角度来看，跨文化能力发生在个人和个体间两个范畴，具体包括个体环节（态度形成、商务认知学习、商务技能锻炼、跨文化商务素质养成和跨文化商务交际行为发生，以及跨文化人格的达成）和互动环节（跨文化商务场域主体互动）。其次，从跨文化能力生成的逻辑角度来看，跨文化能力生成一般遵循如下顺序：态度培养、知识积累、能力锻炼、素质养成、商务交际和人格达成。但这六步进阶不是简单递进关系，而是互有交叠的复合过程（如图 7.3 所示）。

图 7.3　跨文化能力生成六步进阶图

（三）跨文化能力生成主要介质

当一种物质存在于另一种物质内部时，后者为前者的介质，也叫作媒介。教育学意义的介质，指的是承载并传递知识和培育能力的运行体系、课程结构、组织文化和校园文化活动等。因此，按照达拉·迪尔多夫理论模型对跨文化能力生成的解释，跨文化能力生成的主要介质包括课程体系、校园文化、商务环境（含模拟）和学生活动等。可以说，跨文化能力生成介质是教育者与受教者之间进行活动的桥梁，也是生成跨文化能力的中介物和孵化器。所以，跨文化能力形成是个体意识兴起、知识学习、技能锻炼和内在素质生成及其与其他主体交往的双向交互过程。其中，跨文化交际意识（或态度）是跨文化能力形成的主观动因；跨文化技能是个体跨文化认知向行为转化的核心催化剂；内在素质是个体跨文化态度、跨文化知识和技能的内化，交际行为则是其外化，而跨文化人格的形成就是跨文化能力稳定的重要标志。

三、D 大学国际商务专业人才跨文化价值观测量评价

为了更好地测量并评价国际商务人才的跨文化能力，近年来，D 大学在校内开展了跨文化价值观问卷编制和学生价值观测量评价

工作,并在逐年工作实践中不断完善。该项工作由专业团队精心完成,全流程按照科学方法操作,在"本土价值—全球价值"两个维度上测量学生的"关注自我—关注社会"两个方面的价值观倾向。

　　随着新全球化的不断深化发展,具有本土文化和全球文化的双文化身份的青年群体,在价值观上会更偏向于全球化,还是更偏向于本土化? 我们可以发现,全球文化的变迁、多元文化在全世界范围内的广泛流行,使得社会愈发重视个体的价值,个体也愈发重视自我价值的表达。在当前全球化发展的背景下,青年群体的价值观在本土—全球化的框架中会有怎样的倾向表达? 本章将以施瓦茨(Schwartz)等人的价值观理论为基础(见表 7.1),结合本土全球化视角,考察在关注自身和关注社会这两个维度下,个体的价值观在本土—全球身份上的偏好。

表 7.1　青年价值观维度和评价观测点

维　　度	价值观	具体内容
关注自我(个体更关心自己的结果)	自主	产生自我想法和发展自我才能的自由; 自由地决定个体自己的行动; 可体现为创造力、自由、自主选择目标等
	刺激	为了维持积极乐观的生活水平的需要,体现在刺激、新颖和生活的改变中
	享乐主义	愉悦和感官满足,表现为享乐、享受生活、自我放纵
	成就	根据社会标准显示胜任工作的能力,例如成功的、有能力的、有抱负的、有影响力的
	权力	通过对他人、资源的控制获得力量感; 表现为追求财富、社会权利等
	名誉	通过维护个体的公众形象避免丢人获得安全感和力量感
	个人安全	在个体当下所处的环境中保持安全,如家庭安全、清洁等

维　度	价值观	具体内容
关注社会（更关心他人或社会机构的结果）	社会安全	广泛的社会安全和稳定，如社会秩序
	传统	尊重、赞成和接受文化或宗教的习俗与理念，如接受生活的命运安排、奉献、尊重传统等
	遵从	服从规则、法律和规定的各种义务； 避免使他人难过或受到伤害； 表现为服从、自律、尊师敬长等
	谦逊	认识到在事物的大框架中个体的渺小
	友善	为自己人圈子中的成员们的幸福而效力； 成为自己人圈子中可靠的、值得信赖的成员； 强调自愿关系他人的福利，如乐于助人、诚实、责任、忠诚等
	博爱	致力于全人类的平等、公正、保护全人类，重视社会正义，保护自然环境； 接受并理解不同于自己的人

四、D 大学国际商务专业人才跨文化能力提升的策略选择

商务跨文化能力是个体在与其他交往主体的互动中形成的，跨文化各构成能力提升和整体能力生成要放在实践场域进行具体讨论。换言之，我们需要借助现有的和可构建的大学制度安排作为学生个体跨文化能力生成的主要介质，探讨诸多问题。（1）大学作为知识传授的社会主体，通过课程体系设计和传授跨文化知识和技能，引导学生树立文化自信，激发学生跨文化兴趣，培育跨文化所需的内在个人素养，对学生跨文化能力形成过程中个体环节的影响最

为明显，主要策略包括课程体系建设、学生跨文化能力评价标准制定和实践教学科学化设计等。（2）大学作为国际化发展中的文化主体，通过国际化整体方案，包括师资培训、教材引进、暑期学校、国际文化活动、留学生培养和学生国外学习等，直接而深刻地影响大学的教学活动，为国际商务专业学生提供跨文化知识学习和技能锻炼的天然实践场域，为其专业能力的转化生成提供重要载体，主要策略包括国际化校园文化建设、中外联合培养机制构建和中外学生联合创业支持等。

（一）态度培养

跨文化所需要的态度，一是对文化多样性的理解和对其他文化的好奇心与探索欲；二是国际视野和世界意识。文化差异是跨文化交际中的一个重要影响因子（彭世勇，2007），对文化差异性的认知和理解是进行跨文化交际的必要前提。从国际政治学的角度来说，国际视野以"放眼全球，胸怀全球，立足本国，走向世界"为本质特征（梁凯音，2013），国际视野涵盖了世界经济、政治、文化、社会等诸多领域，既反映了人们对所处时代的审视和判断，也蕴含了全球化时代前所未有的机遇和挑战。世界意识具有两方面含义：用全世界眼光看问题，做世界的中国人（彭世勇，2007）。高校开展跨文化意识教育，首先，必须拓展学生的国际视野，为学生展现科学全面的世界图景；其次，在人文通识课中落实培养国际视野的教学目标，为培养国际视野提供课程载体。美国部分知名大学较早将跨文化能力课程作为通识教育基本内容，实现了由西方叙事向全球叙事的转变，

着力培养大学生 21 世纪全球思维和国际视野（袁西玲、崔雅萍，
2010）。

（二）知识积累

国际商务专业知识框架是跨文化能力的重要组成部分。专业
课程体系是教育目标和教育内容的主要载体，是专业建设的核心内
容。从国际商务人才培养目标出发，建设符合国际标准的课程体系
（张琳琳等，2013），应该做到"尊重多元文化，认识多样文明，兼具多
语能力"。首先，要构建跨文化能力的教育理念。作为国际商务专
业学生，商务环境和语境文化是跨文化主要场域，面对国际商务领
域使用范围最广的语言和异国文化，如何平衡其与母语及中国传统
文化的关系，如何立足中国，面向世界，需要具有怎样的国际观和文
化视野等，这些问题都需要通过教育理念来解决。其次，要打造课
程鲜明的实践指向。跨文化能力培养服务于商务交际能力的整体
提升，是应用属性很强的实践课题。目前，美国等国家都将跨文化
能力作为大学生必备的基本素养加以培养（舒绍福，2014），教材编
写也都紧追时代主题和地区热点问题，凸显实践性和及时性。我们
想要培养符合时代需要的国际商务专业人才，就要认真研究中国商
务环境和国际化特质，把握商务交际的能力素质要求，实现教材语
料、技能培养与商务交际实践的无缝对接。

（三）能力锻炼

提升国际商务专业学生跨文化能力的当务之急是制定评价标

准体系。跨文化能力是国际商务专业人才能力素质的重要构成要素,需要进一步细化观测点和评价指标,突出外语口语和书面语以及交际能力等商务交际活动的核心技能培养(Stephen,2013)。高校应该将包括跨文化能力评价标准在内的专业人才能力素质标准作为培养方案制定的重要参考依据,并依据能力培养所需科学制定培养方案。跨文化能力锻炼也需要与社会需求对接,引入社会培养力量。一方面,要将跨文化交际的问题解决作为能力培养的着力点,聚焦问题,提出对策,有针对性地锻炼学生的跨文化能力,着力提升学生口头表达和书面表达能力;另一方面,宜将高校人才培养标准与企业用人需要和岗位职责对接,深入开展校企合作,并进一步拓展合作领域。

(四)素质养成

一直以来,跨文化能力都被视为旅居者适应主体文化的能力,因此在主流西方模式中,跨文化能力多被当作一种个体素质培养(许力生、孙淑女,2013)。在达拉·迪尔多夫构建的跨文化能力生成模式中,个体经历了态度培养、知识积累和能力锻炼以后,跨文化实现了一定意义上的内化,跨文化能力成为个体比较稳定的基本素质和能力,个体的态度、知识和能力等要素发挥耦合效应,呈现出与跨文化目的较为适应的"理想的内在表现"。在国际商务专业学生跨文化能力培养过程中,跨文化素质养成是一个相对长期的过程,是教学活动、校园文化活动和校外影响多重干涉影响的结果,是学生由被动接受态度引导、知识传授和能力锻炼向主动进行跨文化实践的基础。高校既要深入进行跨文化能力生成的基本要素培养,同时,也要开展跨文化能力素质养成的研究和实践探索,将态度培养、知识积累和能力锻炼看成连续有机整体,发现商务交际过程中跨文化能力生成的固有结构和"遗传密码"。

(五) 商务交际

商务交际是跨文化能力应用的最终场域。培养国际商务专业人才的交际场合,一则有赖于校园活动提供的模拟商务活动,二是依托专业见习和实习等人才培养机制提供商务见习岗位。一方面,校园文化是育人的软环境,发挥着润物细无声式的支撑作用(许军国,2014)。国际商务竞赛活动是各国青年学子竞合的有效载体,如国际知名的欧莱雅全球在线商业策划竞赛每年都吸引着世界各地青年组队参加,中国赛区也愈加火热,参与学生众多,这一竞赛对提升跨文化能力影响显著。中国已经培育了一批成功走向世界的优秀企业,跨国商业活动日趋增多,高校应该抓住这一人才需求,积极与大型企业开展跨界合作,打造具有影响力的商业赛事,创新国际商务人才培养和选拔模式。另一方面,专业见习和实践教学是人才培养的重要环节,在应用型专业人才的培养中发挥着生成学生实践动手能力的重要作用(李青等,2014)。国际商务专业学生主要就业去向包括大型进出口企业和跨国公司,每年实现高质量就业的学生基本都有较长的实习经历,这从侧面说明专业见习的重要性。各高校应着力推进实习见习基地建设,为国际商务人才跨文化能力生成提供真实的商务交际环境。

（六）人格达成

人格是个体相对固定的心理组织结构和特征，反映了个体的行为模式、思想模式和情绪特征，是个体"自我"区别于"他者"的重要标志。将人格达成作为跨文化能力形成的重要节点，就是要培养国际商务专业学生最终具备开放的跨文化人格。

首先，我们置身于经济全球化进程之中，在中国加速建设开放型经济体的进程中，中国与世界各国的经贸商务往来愈加密切，与不同文化背景的商务人士交际成为常态，跨文化已经成为必备商务技能之一。其次，各国文化深度交融，彼此影响加深，单向的、静止的互动模式已不复存在。因此，国际商务从业者应该具备开放式人格，以适应新阶段中国对外开放和商务竞争的需要。高校作为培养主体，在培养内容上要兼顾情感、认知、行为三个层面，并将其转化为动机、知识和技能三个教育范畴，按照逐级递进方式培育跨文化人格（许力生、孙淑女，2013）。

附录一　教育部关于大学生综合素质评价的相关政策文件

一、思政课改革中的评价创新

● 2018 年 4 月 13 日，教育部印发的《新时代高校思想政治理论课教学工作基本要求》中提到：

"中国特色社会主义进入新时代，对高校思想政治理论课发挥育人主渠道作用提出了新的更高要求。为继续打好提高思想政治理论课质量和水平的攻坚战，坚持不懈传播马克思主义科学理论，讲清讲透习近平新时代中国特色社会主义思想的时代背景、重大意义、科学体系、精神实质、实践要求，全面推动习近平新时代中国特色社会主义思想进教材进课堂进学生头脑，打牢大学生成长成才的科学思想基础，引导大学生树立正确的世界观、人生观、价值观，不断提高大学生对思想政治理论课的获得感，现就教学工作提出以下基本要求。"

全文包括以下几点：(1)明确指导思想；(2)坚持基本原则；(3)严格落实学分；(4)合理安排教务；(5)规范建设教研室(组)；(6)统一实行集体备课；(7)创新集体备课形式；(8)严肃课堂教学纪律；(9)科学运用教学方法；(10)改进完善考核方式；(11)强化科研支撑教学；(12)健全听课指导制度；(13)综合评价教学质量；(14)落实高校主体责任；(15)强化地方统筹管理；(16)加强全国宏观指导。

● 2019 年 8 月 14 日，中共中央办公厅、国务院办公厅印发的《关于深化新时代学校思想政治理论课改革创新的若干意见》中提到：

"二、完善思政课课程教材体系。

4. 整体规划思政课课程目标。在大中小学循序渐进、螺旋上升地开设思政课，引导学生立德成人、立志成才，树立正确世界观、人生观、价值观，坚定对马克思主义的信仰，坚定对社会主义和共产主义的信念，增强中国特色社会主义道路自信、理论自信、制度自信、文化自信，厚植爱国主义情怀，把爱国情、强国志、报国行自觉融入坚持和发展中国特色社会主义事业、建设社会主义现代化强国、实现中华民族伟大复兴的奋斗之中。大学阶段重在增强使命担当，引导学生矢志不渝听党话跟党走，争做社会主义合格建设者和可靠接班人。

5. 调整创新思政课课程体系。本科阶段开设马克思主义基本原理概论、毛泽东思想和中国特色社会主义理论体系概论、中国近现代史纲要、思想道德修养与法律基础、形势与政策,专科阶段开设毛泽东思想和中国特色社会主义理论体系概论、思想道德修养与法律基础、形势与政策等必修课。各高校要重点围绕习近平新时代中国特色社会主义思想,党史、国史、改革开放史、社会主义发展史,宪法法律,中华优秀传统文化等设定课程模块,开设系列选择性必修课程。

6. 统筹推进思政课课程内容建设。坚持用习近平新时代中国特色社会主义思想铸魂育人,以政治认同、家国情怀、道德修养、法治意识、文化素养为重点,以爱党、爱国、爱社会主义、爱人民、爱集体为主线,坚持爱国和爱党爱社会主义相统一,系统开展马克思主义理论教育,系统进行中国特色社会主义和中国梦教育、社会主义核心价值观教育、法治教育、劳动教育、心理健康教育、中华优秀传统文化教育。遵循学生认知规律设计课程内容,体现不同学段特点,研究生阶段重在开展探究性学习,本专科阶段重在开展理论性学习。

7. 加强思政课教材体系建设。"

● 2019 年 11 月,中共中央、国务院印发了《新时代爱国主义教育实施纲要》,并发出通知,要求各地区各部门结合实际认真贯彻落实。其中提到:

"16. 办好学校思想政治理论课。思想政治理论课是爱国主义教育的主阵地。要紧紧抓住青少年阶段的'拔节孕穗期',理直气壮开好思想政治理论课,引导学生把爱国情、强国志、报国行自觉融入坚持和发展中国特色社会主义事业、建设社会主义现代化强国、实现中华民族伟大复兴的奋斗之中。按照政治强、情怀深、思维新、视野广、自律严、人格正的要求，加强思想政治理论课教师队伍建设，让有信仰的人讲信仰，让有爱国情怀的人讲爱国。推动思想政治理论课改革创新，发挥学生主体作用，采取互动式、启发式、交流式教学，增强思想性理论性和亲和力针对性，在教育灌输和潜移默化中，引导学生树立国家意识、增进爱国情感。"

● 2020 年 12 月 18 日，中共中央宣传部、教育部印发的《新时代学校思想政治理论课改革创新实施方案》中提到：

"一、基本要求。

一是把握新时代。坚持用习近平新时代中国特色社会主义思想铸魂育人，加强'四个自信'教育，将学习贯彻习近平新时代中国特色社会主义思想体现在大中小学各学段的课程目标、课程设置和课程教材内容中，实现全覆盖、贯穿全过程。

二是推进一体化。建立纵向各学段层层递进、横向各课程密切配合、必修课选修课相互协调的课程教材体系，实现课程目标、课程设置、课程教材内容的有效贯通。

三是突出创新性。完善课程教材建设机制，优化教材内容，创新教学方法，推动思政课在改进中加强、在创新中提高。

四是增强针对性。遵循思想政治工作规律、教书育人规律、学生成长规律，编写适用不同类型高校的教材，进一步增强思政课的思想性、理论性和亲和力、针对性。五是注重统筹性。总体推进，分类指导,分步实施,积极稳妥地做好各项工作。"

"二、课程目标体系。

(四)大学阶段重在增强学生的使命担当。重点引导学生系统掌握马克思主义基本原理和马克思主义中国化理论成果,了解党史、新中国史、改革开放史、社会主义发展史,认识世情、国情、党情,深刻领会习近平新时代中国特色社会主义思想,培养运用马克思主义立场观点方法分析和解决问题的能力;自觉践行社会主义核心价值观,尊重和维护宪法法律权威,识大局、尊法治、修美德;矢志不渝听党话跟党走,争做社会主义合格建设者和可靠接班人。本科及高等职业学校专科课程重在加强理论教育和学习,高等职业学校课程还要体现职业教育特色。研究生课程重在探究式教育和学习。"

"三、课程体系。

(三)大学阶段。

大学阶段开设'思想政治理论课'必修课程和选择性必修课程。

1.大学阶段必修课程。

本科课程设置:(1)马克思主义基本原理(3学分);(2)毛泽东思想和中国特色社会主义理论体系概论(5学分);(3)中国近现代史纲要(3学分);(4)思想道德与法治(3学分);(5)形势与政策(2学分)。

在全国重点马克思主义学院率先全面开设'习近平新时代中国特色社会主义思想概论'课,学分按有关要求执行。

2.大学阶段选择性必修课程。

各高校结合本校实际,统筹校内通识类课程,围绕马克思主义经典著作,党史、新中国史、改革开放史、社会主义发展史,中华优秀传统文化、革命文化、社会主义先进文化,宪法法律等,开设本科及高等职业学校专科选择性必修课程,确保学生至少从'四史'中选修1门课程;围绕习近平新时代中国特色社会主义思想专题研究、马克思恩格斯列宁经典著作选读、马克思主义与社会科学方法论、自然辩证法概论等,开设硕士、博士研究生选择性必修课程,硕士研究生至少选择1学分课程。各高校要安排选择性必修课程必要学时,充分发挥马克思主义学院统筹审核把关作用。

各高校要规范实践教学,把思想政治教育有机融入社会实践、志愿服务、实习实训等活动中,切实提高实践教学实效。"

二、"双一流"建设中的学生评价

● 2018 年 8 月 8 日,教育部、财政部、国家发展改革委印发的《关于高等学校加快"双一流"建设的指导意见》中提到:

"(四)引导学生成长成才。

育人为本,德育为先,着力培养一大批德智体美全面发展的社会主义建设者和接班人。深入研究学生的新特点新变化新需求,大力加强理想信念教育和国情教育,抓好马克思主义理论教育,践行社会主义核心价值观,坚持不懈推进习近平新时代中国特色社会主义思想进教材、进课堂、进学生头脑,使党的创新理论全面融入高校思想政治工作。深入实施高校思想政治工作质量提升工程,深化'三全育人'综合改革,实现全员全过程全方位育人;实施普通高校思想政治理论课建设体系创新计划,大力推动以'思政课+课程思政'为目标的课堂教学改革,使各类课程、资源、力量与思想政治理论课同向同行,形成协同效应。发挥哲学社会科学育人优势,加强人文关怀和心理引导。实施高校体育固本工程和美育提升工程,提高学生体质健康水平和艺术审美素养。鼓励学生参与教学改革和创新实践,改革学习评价制度,激励学生自主学习、奋发学习、全面发展。做好学生就业创业工作,鼓励学生到基层一线发光发热,在服务国家发展战略中大显身手。"

"(五)形成高水平人才培养体系。

把立德树人的成效作为检验学校一切工作的根本标准,一体化构建课程、科研、实践、文化、网络、心理、管理、服务、资助、组织等育人体系,把思想政治工作贯穿教育教学全过程、贯通人才培养全体系。突出特色优势,完善切合办学定位、互相支撑发展的学科体系,充分发挥学科育人功能;突出质量水平,建立知识结构完备、方式方法先进的教学体系,推动信息技术、智能技术与教育教学深度融合,构建'互联网+'条件下的人才培养新模式,推进信息化实践教学,充分利用现代信息技术实现优质教学资源开放共享,全面提升师生信息素养;突出价值导向,建立思想性、科学性和时代性相统一的教材体系,加快建设教材建设研究基地,把教材建设作为学科建设的重要内容和考核指标,完善教材编写审查、遴选使用、质量监控和评价机制,建立优秀教材编写激励保障机制,努力编写出版具有世界影响的一流教材;突出服务效能,创新以人为本、责权明确的管理体系;健全分流退出机制和学生权益保护制度,完善有利于激励学习、公平公正的学生奖助体系。"

"（六）培养拔尖创新人才。

深化教育教学改革，提高人才培养质量。率先确立建成一流本科教育目标，强化本科教育基础地位，把一流本科教育建设作为'双一流'建设的基础任务，加快实施'六卓越一拔尖'人才培养计划2.0，建成一批一流本科专业；深化研究生教育综合改革，进一步明确不同学位层次的培养要求，改革培养方式，加快建立科教融合、产学结合的研究生培养机制，着力改进研究生培养体系，提升研究生创新能力。深化和扩大专业学位教育改革，强化研究生实践能力，培养高层次应用型人才。大力培养高精尖急缺人才，多方集成教育资源，制定跨学科人才培养方案，探索建立政治过硬、行业急需、能力突出的高层次复合型人才培养新机制。推进课程改革，加强不同培养阶段课程和教学的一体化设计，坚持因材施教、循序渐进、教学相长，将创新创业能力和实践能力培养融入课程体系。"

"（七）增强服务重大战略需求能力。

加强国家战略、国家安全、国际组织等相关急需学科专业人才的培养，超前培养和储备哲学社会科学特别是马克思主义理论、传承中华优秀传统文化等相关人才。"

"（十）提升科学研究水平。

充分发挥高校基础研究主力军作用，实施高等学校基础研究珠峰计划，建设一批前沿科学中心，牵头或参与国家科技创新基地、国家重大科技基础设施、哲学社会科学平台建设，促进基础研究和应用研究融通创新、全面发展、重点突破。加强协同创新，发挥高校、科研院所、企业等主体在人才、资本、市场、管理等方面的优势，加大技术创新、成果转化和技术转移力度;围绕关键核心技术和前沿共性问题,完善成果转化管理体系和运营机制,探索建立专业化技术转移机构及新型研发机构,促进创新链和产业链精准对接。推进中国特色哲学社会科学发展,从我国改革发展的实践中挖掘新材料、发现新问题、提出新观点、构建新理论,打造高水平的新型高端智库。探索以代表性成果和原创性贡献为主要内容的科研评价,完善同行专家评价机制。"

"(十一)深化国际合作交流。

大力推进高水平实质性国际合作交流,成为世界高等教育改革的参与者、推动者和引领者。加强与国外高水平大学、顶尖科研机构的实质性学术交流与科研合作,建立国际合作联合实验室、研究中心等;推动中外优质教育模式互学互鉴,以我为主创新联合办学体制机制,加大校际访问学者和学生交流互换力度。以'一带一路'倡议为引领,加大双语种或多语种复合型国际化专业人才培养力度。进一步完善国际学生招收、培养、管理、服务的制度体系,不断优化生源结构,提高生源质量。积极参与共建'一带一路'教育行动和中外人文交流项目,在推进孔子学院建设中,进一步发挥建设高校的主体作用。选派优秀学生、青年教师、学术带头人等赴国外高水平大学、机构访学交流,积极推动优秀研究生公派留学,加大高校优秀毕业生到国际组织实习任职的支持力度,积极推荐高校优秀人才在国际组织、学术机构、国际期刊任职兼职。"

● 2018年10月8日,教育部发布的《关于加快建设高水平本科教育全面提高人才培养能力的意见》中提到:

"六、大力推进一流专业建设。

20. 实施一流专业建设'双万计划'。……'双一流'高校要率先建成一流专业,应用型本科高校要结合办学特色努力建设一流专业。

21. 提高专业建设质量。

22. 动态调整专业结构。主动布局集成电路、人工智能、云计算、大数据、网络空间安全、养老护理、儿科等战略性新兴产业发展和民生急需相关学科专业。

23. 优化区域专业布局。围绕落实国家主体功能区规划和区域经济社会发展需求,加强省级统筹,建立完善专业区域布局优化机制。结合区域内高校学科专业特色和优势,加强专业布局顶层设计,因地制宜,分类施策,加强指导,及时调整与发展需求不相适应的专业,培育特色优势专业集群,打造专业建设新高地,提升服务区域经济社会发展能力。"

"七、推进现代信息技术与教育教学深度融合。

24. 重塑教育教学形态。大力推动互联网、大数据、人工智能、虚拟现实等现代技术在教学和管理中的应用,探索实施网络化、数字化、智能化、个性化的教育,推动形成'互联网＋高等教育'新形态,以现代信息技术推动高等教育质量提升的'变轨超车'。

25. 大力推进慕课和虚拟仿真实验建设。

30. 深化国际合作育人。主动服务国家对外开放战略,积极融入'一带一路'建设,推进与国外高水平大学开展联合培养,支持中外高校学生互换、学分互认、学位互授联授,推荐优秀学生到国际组织任职、实习,选拔高校青年教师学术带头人赴国外高水平机构访学交流，加快引进国外优质教育资源，培养具有宽广国际视野的新时代人才。"

● 2020 年 1 月 21 日，教育部、国家发展改革委、财政部印发的《关于"双一流"建设高校促进学科融合加快人工智能领域研究生培养的若干意见》中提到：

"人工智能是引领新一轮科技革命、产业变革、社会变革的战略性技术，正在对经济发展、社会进步、国际政治经济格局等方面产生重大深远的影响。培养和汇聚具有创新能力与合作精神的高层次人才，是高校的重要使命。……为贯彻落实党中央、国务院关于加快发展新一代人工智能的重要部署，推动'双一流'建设高校着力构建赶超世界先进水平的人工智能人才培养体系，加快培养勇闯'无人区'的高层次人才，提出如下意见。"

"（三）培育高水平创新型人才。加大对优秀人才特别是青年人才的稳定支持力度，大力培育具有发展潜力的人工智能领军人才。构建多类型、高质量、结构合理的人才队伍，涵盖理论、方法、工具、系统研究，以及将人工智能技术应用于产业创新、社会治理、国家安全等方面的人才。加强人工智能科研伦理教育。鼓励人工智能龙头企业根据产业技术的最新发展和对人才培养的最新需求，提供试验实践环境，对高校教师开展培训。"

"（四）有序推动人工智能高端人才队伍建设。培育和吸引人工智能前沿领域优秀人才和高水平创新团队，以及具有发展潜力的优秀青年人才，注重人才学科背景的多样化、互补性，实行个性化支持政策,实现不同学科背景人才的系统性整合。以双聘等灵活聘用方式吸引企业和科研院所优秀人才到高校开展科学研究和人才培养。统筹利用各类资源,为人才流动和创新创业提供良好条件。"

"(六)设立产教融合创新平台。依托'双一流'建设高校,建设国家人工智能产教融合创新平台,在人工智能发展重大问题和突破方向上,实行联合科研攻关和融合育人,强化课程体系、计算平台、实验环境等条件建设。鼓励企业参与共建,在资金、项目等方面优先支持。"

"(七)密切校企合作。支持高校、科研院所、产业联盟和骨干企业、新型研发机构等合作建设面向重大研究方向或重点行业应用的人工智能开放创新平台、应用场景平台、联合实验室(技术研发中心)和实训基地,共建示范性人工智能学院或研究院。鼓励企业参与制定研究生培养方案,组织开展人工智能高层次人才创新创业和技能竞赛,引导学生以企业实际问题开展创新创业实践。"

"四、创新高层次人才培养机制和模式:

(八)确立专项任务培养研究生机制。

(九)强化博士生交叉复合培养。

(十)加强课程体系建设。

(十一)加强国际交流合作。"

三、学生评价的改革创新

● 1999 年,国务院发布的《中共中央、国务院关于深化教育改革全面推进素质教育的决定》中提到:

"全面推进素质教育,培养适应 21 世纪现代化建设需要的社会主义新人。

1. 实施素质教育,就是全面贯彻党的教育方针,以提高国民素质为根本宗旨,以培养学生的创新精神和实践能力为重点,造就有理想、有道德、有文化、有纪律的、德智体美等全面发展的社会主义事业建设者和接班人。

全面推进素质教育,要面向现代化、面向世界、面向未来,使受教育者坚持学习科学文化与加强思想修养的统一,坚持学习书本知识与投身社会实践的统一,坚持实现自身价值与服务祖国人民的统一,坚持树立远大理想与进行艰苦奋斗的统一。"

"高等教育要重视培养大学生的创新能力、实践能力和创业精神,普遍提高大学生的人文素养和科学素质。职业教育和成人教育要使学生在掌握必需的文化知识的同时,具有熟练的职业技能和适应职业变化的能力。"

● 2010 年 7 月 29 日,教育部发布的《国家中长期教育改革和发展规划纲要(2010—2020 年)》中提到:

"坚持全面发展。全面加强和改进德育、智育、体育、美育。坚持文化知识学习与思想品德修养的统一、理论学习与社会实践的统一、全面发展与个性发展的统一。加强体育,牢固树立健康第一的思想,确保学生体育课程和课余活动时间,提高体育教学质量,加强心理健康教育,促进学生身心健康、体魄强健、意志坚强;加强美育,培养学生良好的审美情趣和人文素养。加强劳动教育,培养学生热爱劳动、热爱劳动人民的情感。重视安全教育、生命教育、国防教育、可持续发展教育。促进德育、智育、体育、美育有机融合,提高学生综合素质,使学生成为德智体美全面发展的社会主义建设者和接班人。"

"着力培养信念执著、品德优良、知识丰富、本领过硬的高素质专门人才和拔尖创新人才。"

"加快创建世界一流大学和高水平大学的步伐,培养一批拔尖创新人才,形成一批世界一流学科,产生一批国际领先的原创性成果,为提升我国综合国力贡献力量。"

"适应国家经济社会对外开放的要求,培养大批具有国际视野、通晓国际规则、能够参与国际事务和国际竞争的国际化人才。"

● 教育部发布《高等学校预防与处理学术不端行为办法》,自2016 年 9 月 1 日起实施。其中提到:

"第七条　高等学校应当将学术规范和学术诚信教育,作为教师培训和学生教育的必要内容,以多种形式开展教育、培训。"

● 教育部发布《普通高等学校学生管理规定》,自 2017 年 9 月 1日起实行。其中提到:

"第三条　学校要坚持社会主义办学方向,坚持马克思主义的指导地位,全面贯彻国家教育方针;要坚持以立德树人为根本,以理想信念教育为核心,培育和践行社会主义核心价值观,弘扬中华优秀传统文化和革命文化、社会主义先进文化,培养学生的社会责任感、创新精神和实践能力。"

"第四条　学生应当拥护中国共产党领导，努力学习马克思列宁主义、毛泽东思想、中国特色社会主义理论体系，深入学习习近平总书记系列重要讲话精神和治国理政新理念新思想新战略，坚定中国特色社会主义道路自信、理论自信、制度自信、文化自信，树立中国特色社会主义共同理想；应当树立爱国主义思想，具有团结统一、爱好和平、勤劳勇敢、自强不息的精神；应当增强法治观念，遵守宪法、法律、法规，遵守公民道德规范，遵守学校管理制度，具有良好的道德品质和行为习惯；应当刻苦学习，勇于探索，积极实践，努力掌握现代科学文化知识和专业技能；应当积极锻炼身体，增进身心健康，提高个人修养，培养审美情趣。"

"第十四条　学生思想品德的考核、鉴定，以本规定第四条为主要依据，采取个人小结、师生民主评议等形式进行。"

"第十七条　学生参加创新创业、社会实践等活动以及发表论文、获得专利授权等与专业学习、学业要求相关的经历、成果，可以折算为学分，计入学业成绩。具体办法由学校规定。学校应当鼓励、支持和指导学生参加社会实践、创新创业活动，可以建立创新创业档案、设置创新创业学分。"

"第二十条　学校应当开展学生诚信教育，以适当方式记录学生学业、学术、品行等方面的诚信信息，建立对失信行为的约束和惩戒机制；对有严重失信行为的，可以规定给予相应的纪律处分，对违背学术诚信的，可以对其获得学位及学术称号、荣誉等作出限制。"

"第四十九条　学校、省（区、市）和国家有关部门应当对在德、智、体、美等方面全面发展或者在思想品德、学业成绩、科技创造、体育竞赛、文艺活动、志愿服务及社会实践等方面表现突出的学生，给予表彰和奖励。"

● 2018 年 10 月 8 日，教育部发布的《关于加快建设高水平本科教育全面提高人才培养能力的意见》中提到：

"1. 深刻认识建设高水平本科教育的重要意义。本科生是高素质专门人才培养的最大群体，本科阶段是学生世界观、人生观、价值观形成的关键阶段，本科教育是提高高等教育质量的最重要基础。办好我国高校，办出世界一流大学，人才培养是本，本科教育是根。建设高等教育强国必须坚持'以本为本'，加快建设高水平本科教育，培养大批有理想、有本领、有担当的高素质专门人才，为全面建成小康社会、基本实现社会主义现代化、建成社会主义现代化强国提供强大的人才支撑和智力支持。"

"5. 基本原则。坚持立德树人，德育为先。把立德树人内化到大学建设和管理各领域、各方面、各环节，坚持以文化人、以德育人，不断提高学生思想水平、政治觉悟、道德品质、文化素养，教育学生明大德、守公德、严私德。

坚持学生中心，全面发展。以促进学生全面发展为中心，既注重'教得好'，更注重'学得好'，激发学生学习兴趣和潜能，激励学生爱国、励志、求真、力行，增强学生的社会责任感、创新精神和实践能力。"

"7. 坚持德才兼修。把立德树人的成效作为检验学校一切工作的根本标准，加强理想信念教育，厚植爱国主义情怀，把社会主义核心价值观教育融入教育教学全过程各环节,全面落实到质量标准、课堂教学、实践活动和文化育人中,帮助学生正确认识历史规律、准确把握基本国情,掌握科学的世界观、方法论。深入开展道德教育和社会责任教育,引导学生养成良好的道德品质和行为习惯,崇德向善、诚实守信,热爱集体、关心社会。"

"14. 深化创新创业教育改革。把深化高校创新创业教育改革作为推进高等教育综合改革的突破口,面向全体、分类施教、结合专业、强化实践,促进学生全面发展。推动创新创业教育与专业教育、思想政治教育紧密结合,深化创新创业课程体系、教学方法、实践训练、队伍建设等关键领域改革。强化创新创业实践,搭建大学生创新创业与社会需求对接平台。加强创新创业示范高校建设,强化创新创业导师培训,发挥'互联网+'大赛引领推动作用,提升创新创业教育水平。鼓励符合条件的学生参加职业资格考试,支持学生在完成学业的同时,获取多种资格和能力证书,增强创业就业能力。"

"15. 提升学生综合素质。发展素质教育,深入推进体育、美育教学改革,加强劳动教育,促进学生身心健康,提高学生审美和人文素养,在学生中弘扬劳动精神,教育引导学生崇尚劳动、尊重劳动。把国家安全教育融入教育教学,提升学生国家安全意识和提高维护国家安全能力。把生态文明教育融入课程教学、校园文化、社会实践,增强学生生态文明意识。广泛开展社会调查、生产劳动、志愿服务、科技发明、勤工助学等社会实践活动,增强学生表达沟通、团队合作、组织协调、实践操作、敢闯会创的能力。"

● 2019 年 9 月 29 日,教育部发布的《关于深化本科教育教学改革全面提高人才培养质量的意见》中提到:

"1. 把思想政治教育贯穿人才培养全过程。坚持把立德树人成效作为检验高校一切工作的根本标准,用习近平新时代中国特色社会主义思想铸魂育人,加快构建高校思想政治工作体系,推动形成'三全育人'工作格局。把思想政治理论课作为落实立德树人根本任务的关键课程,推动思想政治理论课改革创新,建设一批具有示范效应的思想政治理论课,不断增强思想政治理论课的思想性、理论性和亲和力、针对性。把课程思政建设作为落实立德树人根本任务的关键环节,坚持知识传授与价值引领相统一、显性教育与隐性教育相统一,充分发掘各类课程和教学方式中蕴含的思想政治教育资源,建成一批课程思政示范高校,推出一批课程思政示范课程,选树一批课程思政优秀教师,建设一批课程思政教学研究示范中心,引领带动全员全过程全方位育人。"

"7. 推动科研反哺教学。强化科研育人功能,推动高校及时把最新科研成果转化为教学内容,激发学生专业学习兴趣。加强对学生科研活动的指导,加大科研实践平台建设力度,推动国家级、省部级科研基地更大范围开放共享,支持学生早进课题、早进实验室、早进团队,以高水平科学研究提高学生创新和实践能力。统筹规范科技竞赛和竞赛证书管理,引导学生理性参加竞赛,达到以赛促教、以赛促学效果。"

"9. 严把考试和毕业出口关。完善过程性考核与结果性考核有机结合的学业考评制度,综合应用笔试、口试、非标准答案考试等多种形式,科学确定课堂问答、学术论文、调研报告、作业测评、阶段性测试等过程考核比重。加强考试管理,严肃考试纪律,坚决取消毕业前补考等'清考'行为。加强学生体育课程考核,不能达到《国家学生体质健康标准》合格要求者不能毕业。科学合理制定本科毕业设计(论文)要求,严格全过程管理,严肃处理各类学术不端行为。落实学士学位管理办法,健全学士学位管理制度,严格学士学位标准和授权管理,严把学位授予关。"

● 2020 年 10 月 13 日,中共中央、国务院印发的《深化新时代教育评价改革总体方案》中提到:

"(四)改革学生评价,促进德智体美劳全面发展。

14. 树立科学成才观念。坚持以德为先、能力为重、全面发展,坚持面向人人、因材施教、知行合一,坚决改变用分数给学生贴标签的做法,创新德智体美劳过程性评价办法,完善综合素质评价体系,切实引导学生坚定理想信念、厚植爱国主义情怀、加强品德修养、增长知识见识、培养奋斗精神、增强综合素质。

15. 完善德育评价。根据学生不同阶段身心特点,科学设计各级各类教育德育目标要求,引导学生养成良好思想道德、心理素质和行为习惯,传承红色基因,增强'四个自信',立志听党话、跟党走,立志扎根人民、奉献国家。通过信息化等手段,探索学生、家长、教师以及社区等参与评价的有效方式,客观记录学生品行日常表现和突出表现,特别是践行社会主义核心价值观情况,将其作为学生综合素质评价的重要内容。

16. 强化体育评价。建立日常参与、体质监测和专项运动技能测试相结合的考查机制，将达到国家学生体质健康标准要求作为教育教学考核的重要内容，引导学生养成良好锻炼习惯和健康生活方式，锤炼坚强意志，培养合作精神。中小学校要客观记录学生日常体育参与情况和体质健康监测结果，定期向家长反馈。改进中考体育测试内容、方式和计分办法，形成激励学生加强体育锻炼的有效机制。加强大学生体育评价，探索在高等教育所有阶段开设体育课程。

17. 改进美育评价。把中小学生学习音乐、美术、书法等艺术类课程以及参与学校组织的艺术实践活动情况纳入学业要求，促进学生形成艺术爱好、增强艺术素养，全面提升学生感受美、表现美、鉴赏美、创造美的能力。探索将艺术类科目纳入中考改革试点。推动高校将公共艺术课程与艺术实践纳入人才培养方案，实行学分制管理，学生修满规定学分方能毕业。

18. 加强劳动教育评价。实施大中小学劳动教育指导纲要，明确不同学段、不同年级劳动教育的目标要求，引导学生崇尚劳动、尊重劳动。探索建立劳动清单制度，明确学生参加劳动的具体内容和要求，让学生在实践中养成劳动习惯，学会劳动、学会勤俭。加强过程性评价，将参与劳动教育课程学习和实践情况纳入学生综合素质档案。

19. 严格学业标准。完善各级各类学校学生学业要求，严把出口关。对初、高中毕业班学生，学校须合理安排中高考结束后至暑假前的教育活动。完善过程性考核与结果性考核有机结合的学业考评制度,加强课堂参与和课堂纪律考查,引导学生树立良好学风。探索学士学位论文(毕业设计)抽检试点工作,完善博士、硕士学位论文抽检工作,严肃处理各类学术不端行为。完善实习(实训)考核办法,确保学生足额、真实参加实习(实训)。

20.深化考试招生制度改革。稳步推进中高考改革,构建引导学生德智体美劳全面发展的考试内容体系,改变相对固化的试题形式,增强试题开放性,减少死记硬背和'机械刷题'现象。加快完善初、高中学生综合素质档案建设和使用办法,逐步转变简单以考试成绩为唯一标准的招生模式。完善高等职业教育'文化素质+职业技能'考试招生办法。深化研究生考试招生改革,加强科研创新能力和实践能力考查。各级各类学校不得通过设置奖金等方式违规争抢生源。探索建立学分银行制度,推动多种形式学习成果的认定、积累和转换,实现不同类型教育、学历与非学历教育、校内与校外教育之间互通衔接,畅通终身学习和人才成长渠道。"

附录二 《D 大学本科生综合评估办法（2018 年 9 月）》

D 大学本科生综合评估办法

第一章 总 则

第一条 综合评估是我校评价学生的重要导向，是激励学生的重要杠杆，是我校本科生奖学金评定的重要依据，是本科生在大学期间发展进步、成长成才情况的重要量化指标。为改革我校学生评价制度，建立更加科学的评价标准，激励学生乐观向上、自立自强，切实推进我校拔尖创新人才培养，根据《国家中长期教育改革和发展规划纲要（2010—2020 年）》有关精神，结合我校学生工作实际，修订本办法。

第二条 学校学生管理委员会负责本科生综合评估工作，办公室设在学生处。综合评估过程中，坚持实事求是、公开、公平、公正的原则,加强领导,发扬民主,鼓励先进,弘扬优良的校风、学风。

第二章　综合评估的评定标准

第三条　学生综合评估应德智体全面衡量,其中德育分占 10%,课程成绩分占 80%,综合加分占 10%,即:总分(100 分)＝德育分(10 分)＋课程成绩分(80 分)＋综合加分(10 分)。

第四条　德育分 10 分。德育分采取扣分制,学院根据学生表现进行相应扣分,具体评定的参考依据如下:

一、政治态度(2 分):

1. 坚持四项基本原则,拥护党的路线、方针、政策,关心国际国内大事,自觉维护国家和民族利益。

2. 积极学习马克思列宁主义、毛泽东思想、邓小平理论、“三个代表”重要思想、科学发展观和习近平新时代特色社会主义思想,树立正确的世界观、人生观、价值观。

3. 明辨是非,勇于开展批评和自我批评。

学生如有违反党的四项基本原则或明显损害学校、学生形象的行为,直接扣除该项得分。

二、遵纪守法(2 分):

1. 遵守国家的法律、法规。

2. 自觉遵守学校的各项规章制度,自觉维护学校的教育教学秩序。

3. 遵守国际礼仪,在国际交往中自觉维护国格、人格,以礼相待,不卑不亢。

如有违反以上相关规定者,酌情扣0.2—2分。

三、文明行为(2分):

1. 遵守社会公德,维护公共秩序;诚实守信,乐于助人。

2. 尊敬师长,团结同学。

3. 维护校园文明,男女同学交往举止得体。

4. 维护校园环境卫生,爱护公共财物,勤俭节约。

如有违反以上相关规定者,酌情扣0.2—2分。

四、学习态度(2分):

1. 树立为祖国而勤奋学习的思想,学习态度端正,学习目标明确,养成良好的学习习惯。认真上好每堂课,不逃课、不早退。

2. 学习勤奋、刻苦,努力夯实知识基础,不断提高创新能力、实践能力。

3. 诚信、严谨治学,不弄虚作假。

如有违反以上相关规定者,酌情扣0.2—2分。

五、集体活动(2分):

1. 积极参加学校组织的报告会、讲座、竞赛等各类集体活动。

2. 积极参加学校组织的各种社会公益和志愿服务活动,服从安排,保质保量完成任务。

如有违反以上相关规定者,酌情扣0.2—2分。

第五条 课程成绩分(80分)。

将本学年所修全部课程(不包括辅修课程、双学位课程、听力、重修)的期末考试成绩乘以该门课程学分数,将乘的积相加,其和除以各门课程学分数的总和,所得平均分乘以80%作为课程成绩分。

课程成绩分＝[N1课成绩×N1课学分＋N2课成绩×N2课学分＋……]÷[N1课学分＋N2课学分＋……]×80％

第六条 综合加分（10分）。

综合加分是鼓励学生全面发展的重要导向性指标，一般分为学术研究奖励分、竞赛活动奖励分、学生工作奖励分和社会奉献奖励分四类。原则上学术研究奖励分、竞赛活动奖励分、学生工作奖励分、社会奉献奖励分等四类加分总分不超过10分，每类加分不超过4分。由于学科专业和培养方式差异，综合加分由本科生培养学院结合学科特点、人才培养目标和学生素质发展状况等因素，在综合考量、充分论证的基础上，科学度量加分标准，制定学院实施细则。

第七条 各学院制定的综合评估实施细则原则上从2015级本科学生始适用，修订周期为两年。实施细则经学院人才培养分委员会通过后，于每年6月上报校学生管理委员会审查备案，审核后由学生处面向全校公布各学院综合评估实施细则。学院实施细则适用年级为四年一贯制，对适用年级不得中途修订，如必须修订，需在适用学生中进行征求意见，过三分之二学生同意方可修订。

第八条 评分办法。

一、单项评分。根据每个学生一学年的表现和取得的成绩分别逐项进行评分。

二、学年综合评分。将单项得分按规定的比例折算相加后，即为本学年的综合评分。

第九条 评估程序。

一、个人自评：每学年第一学期开学后十天内进行，每个学生根据自己上学年的表现,进行个人自评。

二、班级评议:在每个学生个人自评的基础上,采取无记名投票的形式进行班级民主评议。班长负责组织并书写评语,辅导员和班主任负责组织评分统计和认定工作。

三、学院审议:由学院学生工作负责人、辅导员、学生代表等组成审议小组,对每个学生的综合评估结果进行审议,提出评审意见。

四、公示评审结果:学生综合评估结果报学生处备案前应由学院面向本学院全体学生进行为期一周的公示,接受广大师生的监督;学生对评估结果有异议者,从公示之日起一周内向学院反映,若确有错误,有关学院要及时纠正。

五、学校审批:由学校学生管理委员会对学生的综合评估结果进行审核并进行第二次公示无异议后报学校批准。

第三章 附 则

第十条 本办法解释权归学生管理委员会。

第十一条 本办法自公布后从我校 2015 级学生开始实施。此前实行的《对外经济贸易大学本科生综合评估办法》不再适用 2015 级学生。

附录三 D大学《Y学院本科生综合评估实施细则》

D大学Y学院本科生综合评估办法(2020级)

第一章 总 则

第一条 为营造健康积极的校园文化氛围,促进学生全面发展,结合本院学生实际,根据教育部、北京市有关文件规定及《D大学本科生综合评估办法(D学学生字〔2015〕123号)》规定,结合本学院实际,制定本办法。

第二条 工作流程

学生参照《D大学本科生综合评估办法》和本办法,在每学年第一学期开学后进行自评。各年级成立综合评估工作小组,该小组包括辅导员、年级班委代表、小班班委代表及学生代表,小组成员提前公示。工作小组对个人申报情况进行审核后公示一周,公示期内有异议的向工作小组提交书面说明,工作小组核实并经学院审核后重新公示,公示期满无异议的准予加分。

第三条　课程成绩分

学生综合评估应德智体全面衡量,其中德育分占 10%,课程成绩分占 80%,综合加分占 10%,即:总分(100 分)＝德育分(10 分)＋课程成绩分(80 分)＋综合加分(10 分)。课程成绩分按照《对外经济贸易大学本科生综合评估办法》执行,本办法只对德育分和综合加分项做出详细规定和说明。

第四条　德育分 10 分

德育分采取扣分制,具体扣分标准参照《D 大学本科生综合评估办法》,根据学生表现和参加集体活动情况核定扣分(如学院的高端论坛、党团员的相关重要活动等,见提前通知),学生集体活动出席情况由辅导员委派专人负责记录。

第五条　综合加分 10 分

综合加分是鼓励学生全面发展的重要导向性指标,分为学术研究奖励分、竞赛活动奖励分、学生工作奖励分和社会奉献奖励分四大类,根据学校和学院实际,另设一次性加分类。原则上学术研究奖励分、竞赛活动奖励分、学生工作奖励分、社会奉献奖励分、其他等五类加分总分不超过 10 分,每类加分设定各自的上限,该类加分超过上限的分数不计入综合加分总分。

第二章　综合加分实施细则

第六条　学术研究（单次综测总分不超过 4 分）

1. 学术论文

在 CSSCI 期刊的 A 类、B 类、C 类期刊上发表学术论文,每篇分别加 4 分、3 分、2 分;一般学术期刊(以中国知网收录期刊为准)上发表学术论文,每篇加 1 分;集结成册并公开出版(需有正式书号)的论文集发表论文 1 篇,加 0.5 分。国际期刊的认定和折算工作参考学校科研处当年相关规定。

所发文章必须以 D 大学为作者单位;独立作者按本规则计分;与他人合作,合作者为我校老师或学生,第一作者或第二作者都可按本规则计分;与外校作者合作,只有第一作者可计分。加分评定时本人必须提供文章原件。

2. 课题研究及著作

参加校团委科研立项并成功结项的科研小组,校级重点和校级精品课题的组长加 0.4 分,组员加 0.3 分;普通课题组长加 0.3 分,组员加 0.2 分。同时参加多个小组的以最高分计,不可累加。

参与本校教师当年立项的省部级及以上课题(需立项成功)研究加 0.3 分,加分评定时需提交正式版的立项课题申请书及课题负责人出具的证明信。学生参加本校教师的著作撰写的,加 0.2 分,以著作出版书籍中的撰写者名单为准。

第七条　竞赛活动(单次综测总分不超过 4 分)

竞赛活动是指国际上有关国家和组织、国家有关部门、社会和学校组织的各类学术、科技、文艺、体育等各类正式比赛活动。由学生社团组织的活动不计入综合测评,特殊情况除外(由学院认定)。

(1)竞赛获奖以取得证书原件为准,级别认定以证书上落款公章级别来判定。

(2)参加各类各级比赛未获奖者加 0.1 分,累计加分不超过 0.5 分。

(3)参加多轮次比赛获奖的,以全部赛程结束获得的最高奖进行加分,不累加。

创新创业类仅立项未参与竞赛的参考科研立项加分;立项并参加竞赛获奖的,按最高分计分,不累加。

(4)参加院级(含本校其他院)和校级暑期社会实践团队(校级以上按校级计算)实践评奖获奖的,参照同级竞赛活动集体三等奖加分分数减半加分,负责人另加 0.2 分;同时参加多个小组的以最高分计,不累加。

(5)竞赛加分补充规则:A.竞赛所获奖项中,得分最高奖项的计入综合测评加分,其他每获奖一次,加 0.2 分(社会实践项目除外)。B.校运动会加分参照学院分团委关于运动会的加分规则。C.文体类竞赛中,只有代表学校、学院参加的比赛可以计入综合测评加分,自行报名参与的各项比赛获奖不计分。

（6）竞赛具体加分细则如下：

项　目	分值及加分规则	级　别
个人项目	国家及以上计 2.2 分，省部级计 1.8 分，校级计 1.6 分，院级计 1.4 分	特等奖
	国家及以上计 2 分，省部级计 1.6 分，校级计 1.4 分，院级计 1.2 分	一等奖（第一名）
	国家及以上计 1.8 分，省部级计 1.4 分，校级计 1.2 分，院级计 1 分	二等奖（第二名、第三名）
	国家及以上计 1.6 分，省部级计 1.2 分，校级计 1 分，院级计 0.8 分	三等奖（第四到第八名）或者最佳单项奖
集体项目	国家及以上计 2 分，省部级计 1.6 分，校级计 1.4 分，院级计 1.2 分	特等奖
	国家及以上计 1.8 分，省部级计 1.4 分，校级计 1.2 分，院级计 1 分	一等奖（第一名）
	国家及以上计 1.6 分，省部级计 1.2 分，校级计 1 分，院级计 0.8 分	二等奖（第二名到第四名）
	国家及以上计 1.4 分，省部级计 1 分，校级计 0.8 分，院级计 0.6 分	三等奖（第五名到第八名）或者最佳单项奖

第八条　学生工作（单次综测总分不超过 4 分）

（1）为肯定学生干部在学校工作中所作出的贡献，给予任职期间勤奋、负责、有突出贡献的学生干部任职贡献加分。基本加分细则如下：

组织级别	职　务	分值（分/学年）
校级组织	校团委执行部长、校学生会主席	1.5
	校团委副部长、校学生会副主席	1.3
	校学生会部长	1.1
	校团委干事、校学生会副部长	1
	校学生会干事	0.8

组织级别	职　　务	分值（分/学年）
院级组织	院分团委副书记、院学生会主席	1.5
	学生党支部副书记、党支部支委委员、分团委委员	1.3
	团学联各部部长	1.1
	团学联各部副部长	1
	院团委、学生会干事	0.8
社团	学生社团第一负责人	1.1
	十佳社团第一负责人	1.3
班级组织	大班长、大班委、年级学习委员、年级文体委员	1.2
	小班班长、小班团支书	1.0
	班级心理委员、小班团委委员	0.8
学院运动队	队长	0.4
	队员训练	0.2

（2）大学生理论学术中心、社团联合会、志愿服务中心、艺术活动中心、学生助学发展联合中心等其他各级校级组织的学生干部任职贡献加分与校级学生会干部执行同一标准。

（3）各级学生干部的身份应得到其所在主管部门的确认，其他特殊学生干部身份，需出具其所在主管部门证明，学院单独认定。

（4）任期满一学期但未满一年，奖励分减半计算；中途辞退或因故被罢免者不予以加分。身兼数职者以最高分计，不累加。

（5）院级及以上优秀部长、干事（先进个人、组长）、大班班长班委、小班班长、团支书、心理委员获评优秀且任期满一学期，加0.1分，当年只记一项，不累加。

第九条　社会奉献加分（单次综测总分不超过 3 分）

社会奉献加分主要包括学生在其他社会活动中的贡献加分，包括学校和学院的学业指导中心以及参加学校和学院组织的大型团体活动。

（1）学业助手：校学业指导中心以学校规定为准，院学业指导中心的学业指导助理、红色助手，任职满一学期，考核优秀者加 0.4 分，合格者加 0.3 分，学校学院的学业助手不累加。

（2）班主任助理：任职满一年，考核优秀者加 0.4 分，合格者加 0.3 分。

（3）校院大型活动：参加学校或学院大型活动，如校运动会广播操、方阵训练、文艺演出、各类讲座等，根据实际情况决定具体加分，具体分值在活动开始前另行通知。参加多项活动的，可累加，本项累计加分不超过 2 分。

（4）自愿献血且提供证明的，加 0.5 分，此为本科阶段一次性加分，不累加，且应在其发生的当学期执行。

第十条　其他加分类（单次综测总分不超过 3 分）

（1）学年内获得校级以上先进班集体、先进团支部、优秀宿舍等由国家、省市和校院正式授予的集体荣誉称号，做出贡献的班级、宿舍成员每人加 0.2 分，名单由班集体、宿舍集体负责人认定。

（2）被评为"军训优秀学员"加 0.2 分，其他各类由国家、省市国家党政机关和校院正式授予的个人荣誉称号加 0.2 分。

（3）作为工作人员参与主管部门组织的活动，不加分。如参赛获奖或有特殊贡献，由学院认定加分。

（4）在校级及以上官方媒体、非学术类刊物上个人独立发表文章，每篇加0.2分，院级每篇加0.1分，同一篇文章被转发按最高级别计算；累计加分不超过1分，当年有效。

（5）其他，校院两级为开展营造健康积极的校园文化氛围，促进学生全面发展的其他活动，经校院相应级别学生主管部门正式批准的可设置本项加分，需提前面向全体同学进行通告。

第三章　附　则

第十一条　本细则解释权归学院本科生综合评估工作领导小组。

第十二条　本细则自公布后从我院2020级学生开始实施，适用年级为四年一贯制。

参考文献

[1] Bellanca, J., C. Chapman, E. Swartz, 1997, *Multiple Assessments for Multiple Intelligences*, CA: Corwin Press, 3 Edition.

[2] Bloom, B. S., et al. 1956, *Taxonomy of Educational Objectives (Cognitive Domain)*, London: Longman Group Ltd.

[3] Campinha-Bacote, 2002, "The Process of Cultural Competence in the Delivery of Healthcare Services: A Model of Care", *Journal of Transculture*, 13(3):181—184.

[4] Charles, M., H. Pden-Tumer, F. Trompenaars, 2000, *Building Crosscultural Competence: How to Create Wealth from Conflicting Values*. Yale University Press, New Haven & London.

[5] Deardorff, D.K., 2004, "The Identification and Assessment of Intercultural Competence as a Student Outcome of International Education at Institutions of Higher Education in the United States", Unpublished Dissertation, North Carolina State University, Raleigh.

[6] Deardorff, D.K., 2006, "Identification and Assessment of Intercul-

tural Competence as a Student Outcome of Internationalization",
Journal of Studies in International Education, (10).

[7] Donovan, B.O., M. Price, C. Rust, 2004, "Know what I Mean? En-
hancing Student Understanding of Assessment Standards and Crite-
ria", *Teaching in Higher Education*, 6.

[8] Gardner, H., 1983, *Frame of Mind: the Theory of Multiple Intel-
ligences*, New York: Basic Books.

[9] Gardner, H., 1983, *Frames of Mind: A Theory of Multiple Intel-
ligences*. New York: Basic Books.

[10] Guba, E.G., Y.S., Lincoln, 1989, *Fourth Generation Evaluation.*
Sage Publications.

[11] Hauenstein, A.D., 1998, *A Conceptual Framework for Educational
Objectives: A Holistic Approach to Traditional Taxonomies*, Lan-
ham: University Press of American, Inc.

[12] Hoecklin, L., 1995, *Managing Cultural Differences: Strategies
for Competitive Advantage*, Economist Intelligence Unit/Addison
Wesley.

[13] Jackson, N., 1997, "Academic Regulation in UK Higher Education:
Part Ⅰ—the Concept of Collaborative Regulation", *Quality Assurance
in Education*, 3:120—135.

[14] Komives, S. R., D. B. Woodard, 2003, *Jr. Student Services a
Handbook for the Profession*, Jossey-Bass Press, 4 Edition.

[15] Lowe, R., S. Marriott, 2006, *Enterprise: Entrepreneurship and Inno-
vation: Concepts, Contexts and Commercialization*, Routledge.

[16] Marzano, R.J., H.R. Guskey, *Designing a New Taxonomy of Ed-
ucational Objectives*, Thouse and Oaks, CA: Corwin Press, 2001.

[17] McClelland, D.C., 1973, "Testing for Competency Rather than In-

telligence", *American Psychologist*, 28.

[18] Miller, T., K. Winston, B. Roger, 1991, "Associates. Administration and Leadership in Student Affairs: Actualizing Student Development in Higher Education", Accelerated Development Inc:4—11.

[19] QAA, 2016, "Code of Practice for the Assurance of Academic Quality and Standards in Higher Education, Section 6: Assessment of Students", http://www. qaa. ac. uk/publications/informationand-guidance/pages/code-of-practice-section-6.aspx.

[20] Schwartz, S. H., 2012, An Overview of the Schwartz Theory of Basic Values. Online Readings in Psychology and Culture, 2(1).

[21] Stephen, E., 2013, "Perspectives on the Use of English as a Business Lingua Franca in Hong Kong", *Journal of Business Communication*, 50(3).

[22] Stowe, R. B., 2015, "Entrepreneurship education in the United States", http://www.docin.com/p-387700687.

[23] Stephen, B.S., 1997, "The New Economy: What It Really Means", *Business Week*, 11.

[24] Thorndike, E.L., 1904, "An Introduction to the Theory of Mental and Social Measurements", *Nature*, 71.1831:99—100.

[25] Tyler, R.W., 1942, "General Statement on Evaluation", *Journal of Educational Research*, 35, 492—501.

[26] Weber, E., 2000, *Student Assessment That Works: A Practical Approach*, Pearson Schweiz Ag.

[27]《电子科技大学学生综合素质测评实施办法(2010 级试行)》。

[28]《对外经济贸易大学本科生综合评估办法(2018 年版)》。

[29]《广东外语外贸大学本科学生综合素质评价测评方案(2016 年版)》。

[30]《江西理工大学学生综合素质测评办法(2009—2010 学年试行)》。

[31]《南昌大学学生综合素质考评办法(参考表)(2008年版)》。

[32]《山东大学本科学生综合素质测评办法(2011年试行版)》。

[33]《上海交通大学学生综合素质测评办法(2013年版)》。

[34]《上海外国语大学学生奖学金综合素质测评分评定及各类竞赛奖励实施办法》。

[35]《天津大学学生综合素质测评管理办法(2011年试行)》。

[36]《西安交通大学南洋书院本科生综合素质测评细则(2013年版)》。

[37]《中南大学本科生综合素质测评指导意见(2015年版)》。

[38]《中央财经大学全日制本科学生素质评价办法(2010级本科生试行)》。

[39]《重庆大学本科学生综合素质测评办法(试行)》。

[40]《浙江大学本科学生综合素质评价实施办法(2009年1月修订)》。

[41]《武汉大学本科学生素质综合测评实施办法(2009年6月修订)》。

[42]《湖南师范大学本科学生综合素质测评办法(2012年10月修订)》。

[43]《北京师范大学教育学部本科生综合考评细则(2014年9月修订)》。

[44]蔡昉:《经济全球化潮流不可阻挡》,《中国中小企业》2018年第11期。

[45]蔡国春:《美国高校学生事务管理的观点、实务及其启示》,《黑龙江高教研究》2002年第1期。

[46]曹宏进:《时间驱动作业成本法下高校学生培养成本的核算》,《财务与会计》2016年第1期。

[47]曹培杰:《人工智能教育变革的三重境界》,《教育研究》2020年第2期。

[48]陈斌:《欧盟迎战新经济时代》,《黑龙江对外经贸》2008年第3期。

[49]陈海燕:《"一带一路"战略实施与新型国际化人才培养》,《中国高教研究》2017年第6期。

[50]陈霖:《新媒介空间与青年亚文化传播》,《江苏社会科学》2016年第4期。

[51]陈文远:《教育转型视角下的高校学生评价》,《教育发展研究》2012年

第 9 期。

[52] 陈晓斌:《书院制背景下高校学生评价制度创新研究——以南京审计大学为例》,《南京审计大学学报》2017 年第 2 期。

[53] 陈昱岊、夏仕武:《高校学生培养质量评价方法探究》,《现代教育管理》2009 年第 12 期。

[54] 陈准民、王立非:《解读〈高等学校商务英语专业本科教学要求(试行)〉》,《中国外语》2009 年第 9 期。

[55] 崔荣芳、杨海平:《基于作业成本法的高校学生培养成本计算模式研究》,《财会通讯》2009 年第 21 期。

[56] 戴维·赫尔德、安东尼·麦克格鲁:《全球化与反全球化》,陈志刚译,社会科学文献出版社 2004 年版。

[57] 戴翔、刘梦:《人才何以成为红利——源于价值链攀升的证据》,《中国工业经济》2018 年第 4 期。

[58] 丁嫣:《切实发挥高校思想政治教育在培养大学生创新思维中的作用》,《思想理论教育导刊》2012 年第 9 期。

[59] 董卓宁等:《大学生综合素质评价体系构建与实施方法研究》,《教育探索》2012 年第 12 期。

[60] 杜丽岩、彭昱:《论以就业为导向的高校学生培养方案的革新》,《黑龙江高教研究》2009 年第 8 期。

[61] 杜瑞军、周廷勇、周作宇:《大学生能力模型建构:概念、坐标与原则》,《教育研究》2017 年第 6 期。

[62] 付革:《非智力因素与创造性人才培养》,《清华大学教育研究》2002 年第 6 期。

[63] 甘泉:《高校学生综合素质评价的功能与原则》,《思想政治教育研究》2008 年第 4 期。

[64] 高昂之:《可雇佣性理论视域下商务英语专业人才培养模式创新》,《长江大学学报(社会科学版)》2011 年第 10 期。

[65] 高兆金:《浅议英语专业本科生跨文化能力的培养》,《北京第二外国语学院学报》2010 年第 8 期。

[66] 耿俊茂:《大学生能力素质结构优化对策》,《改革与战略》2006 年第 8 期。

[67] 顾秉林:《培养拔尖创新人才首重德育》,《中国高等教育》2008 年第 11 期。

[68] 郭凯明:《人工智能发展、产业结构转型升级与劳动收入份额变动》,《管理世界》2019 年第 7 期。

[69] 郭岩岩:《以科技创新引领青岛高质量发展的路径探析——基于青岛与深圳科技创新实力的对比分析》,《中共青岛市委党校青岛行政学院学报》2020 年第 3 期。

[70] 郝国强:《从人格信任到算法信任:区块链技术与社会信用体系建设研究》,《南宁师范大学学报(哲学社会科学版)》2020 年第 1 期。

[71] 何毅、潘玉驹:《试论当前高校学生评价体系改革的必要性》,《高等工程教育研究》2010 年第 3 期。

[72] 胡锋吉:《高校学生评价研究:英国的实践》,浙江大学出版社 2014 年版。

[73] 胡习文:《基于 FNN 的智能学生综合素质评估模型研究》,《武汉理工大学学报(信息与管理工程版)》2007 年第 3 期。

[74] 黄殿臣:《大学生综合素质评价体系的研究》,《黑龙江高教研究》2003 年第 5 期。

[75] 黄庆平:《国家学分银行的未来:基于区块链技术视角》,《中国成人教育》2019 年第 1 期。

[76] 黄仁伟:《从全球化、逆全球化到有选择的全球化》,《探索与争鸣》2017 年第 3 期。

[77] 贾文华:《公众立场与欧盟的未来——基于"欧洲晴雨表"的数据分析》,《欧洲研究》2017 年第 4 期。

[78] 江胜尧:《论高校大学生科技素养与素质教育》,《大众科技》2009 年第 8 期。

[79] 姜秀华:《大学素质教育与科技进步》,《思想政治教育研究》2002 年第 3 期。

[80] 蒋德仁:《国际学生评价(PISA)概说》,浙江教育出版社 2012 年版。

[81] 蒋余浩、贾开:《区块链技术路径下基于大数据的公共决策责任机制变革研究》,《电子政务》2018 年第 2 期。

[82] 焦敬娟、王姣娥、程珂:《中国区域创新能力空间演化及其空间溢出效应》,《经济地理》,2017 年第 9 期。

[83] 金义富:《区块链+教育的需求分析与技术框架》,《中国电化教育》2017 年第 9 期。

[84] 孔国庆:《大学生成长评价研究》,中国社会科学出版社 2011 年版。

[85] 孔燕:《国际视野——大学生思想政治教育的时代要求》,《思想政治教育研究》2007 年第 5 期。

[86] 来国灿:《体育专业大学生综合素质评估体系的构建与实施》,《杭州师范学院学报(自然科学版)》2001 年第 3 期。

[87] 莱尔·史班瑟:《才能评鉴法:建立卓越的绩效模式》,魏梅金译,汕头大学出版社 2003 年版。

[88] 黎荆、黎莉、胡平波:《普通高校学生评价教师教学质量影响因素的实证分析》,《江西教育科研》2007 年第 7 期。

[89] 李超:《高校学生评价变革进展述评》,《外国教育研究》2018 年第 7 期。

[90] 李金生:《学生综合素质评估的指标体系和做法》,《中国高等医学教育》1988 年第 1 期。

[91] 李兰春、王双成、王辉:《学生综合素质评估的层次贝叶斯网络聚类方法》,《东北师大学报(自然科学版)》2011 年第 3 期。

[92] 李猛:《"双循环"新发展格局下的创新驱动发展战略——意义、问题

与政策建议》,《青海社会科学》2020 年第 6 期。

[93] 李强、陈威燕:《新公共管理视角下高校学生培养成本补偿研究》,《会计之友》2014 年第 13 期。

[94] 李宋昊:《国际商务人才跨文化能力及其培养》,《商业时代:学术评论》2006 年第 1 期。

[95] 李小娟:《高职学生素质能力评价研究》,《教育研究》2013 年第 5 期。

[96] 李新安:《区域创新能力对经济发展质量提升的驱动作用研究》,《区域经济评论》2020 年第 2 期。

[97] 李燕:《高校科技创新与城市经济高质量发展——基于 19 个副省级及以上城市的实证检验》,《科技管理研究》2020 年第 13 期。

[98] 李志宏、邱亭谕、李可欣:《基于区块链技术的学分银行系统研究》,《现代教育技术》2019 年第 7 期。

[99] 梁凯音:《对中美关系中的中国国际话语权问题的研究》,《东岳论丛》2010 年第 31 期。

[100] 梁凯音:《关于拓宽国际视野与构建国民意识问题的思考》,《当代世界与社会主义》2013 年第 3 期。

[101] 廖桂芳、徐园媛:《大学生综合素质评价体系构建》,西南交通大学出版社 2013 年版。

[102] 林国全、梁月汝、徐英虎:《关联规则挖掘在大学毕业生综合素质评估中的应用》,《巢湖学院学报》2009 年第 6 期。

[103] 刘昌用、胡森森、钟廷勇:《区块链:密码共识原理、产业与应用》,电子工业出版社 2019 年版。

[104] 刘丰林、曾山、孟三爱、张芸芸:《大学生综合素质模糊评价体系研究》,《学校党建与思想教育》2014 年第 12 期。

[105] 刘彭芝,周建华,张建林:《整体构建大中小学创新人才培养新模式的研究与实践》,《教育研究》2013 年第 1 期。

[106] 刘舜:《从用人单位需求谈大学生能力素质的培育》,《当代教育论坛

（上半月刊)》2009 年第 11 期。

[107] 刘贤仕、史进保:《普通高校学生培养成本核算思路分析》,《生产力研究》2007 年第 7 期。

[108] 刘贤仕:《论普通高校学生培养成本核算的重要意义》,《生产力研究》2007 年第 4 期。

[109] 刘越、俞继猛:《谈构建新形势下大学生综合评价体系》,《思想政治教育研究》2001 第 1 期。

[110] 鲁娟、刘斌:《医学生综合素质评估的多元分析》,《中华医学教育杂志》2018 年第 5 期。

[111] 鲁娟、王悦:《不同年级医科大学生综合素质评估结果比较》,《基础医学教育》2014 年第 4 期。

[112] 罗松涛:《欧洲:旧大陆拥抱新经济》,《国际问题研究》2000 年第 11 期。

[113] 吕林,刁龙《"可雇佣性"理论视域下的大学生就业问题分析》,《中国大学生就业》2009 年第 10 期。

[114] 马名杰、石光:《创新要素布局优化需改革助推》,《中国发展观察》2014 年第 7 期。

[115] 潘懋元:《高等教育学》,人民教育出版社、福建教育出版社 1984 年版。

[116] 潘亚玲:《我国外语专业学生跨文化能力培养实证研究》,《中国外语》2008 年第 7 期。

[117] 潘玉驹、陈文远、何毅:《学生评价的理论与实践》,中国社会科学出版社 2015 年版。

[118] 潘玉驹、陈文远:《高校学生评价制度存在的问题与对策》,《教育发展研究》2010 年第 17 期。

[119] 潘玉驹、何毅:《凸现学生主体性:高校学生评价改革的必然选择》,《教育理论与实践》2010 年第 24 期。

[120] 潘玉驹:《高校学生评价的"麦当劳化"及其超越》,《高等工程教育研究》2016 年第 6 期。

[121] 彭世勇:《跨文化敏感:英语专业与非英语专业学生的对比》,《宁夏大学学报》2007 年第 1 期。

[122] 彭晓、杨明亮:《关于高校学生培养成本测算的探讨》,《中国现代医学杂志》2005 年第 10 期。

[123] 钱圆铜:《话语权力及主体位置——基于福柯理论的分析》,《西南农业大学学报(社会科学版)》2011 年第 10 期。

[124] 曲一帆、秦冠英、孔坤、李博:《区块链技术对教育变革探究》,《中国电化教育》2020 年第 7 期。

[125] 任保平、豆渊博:《"十四五"时期构建新发展格局推动经济高质量发展的路径与政策》,《人文杂志》2021 年第 1 期。

[126] 任保平、苗新宇:《"十四五"时期我国经济高质量发展新动能的培育》,《经济问题》2021 年第 2 期。

[127] 生佳根:《教育大众化背景下的高校学生培养模式创新》,《中国成人教育》2006 年第 12 期。

[128] 史进保、刘贤仕:《普通高校学生培养成本的测算与分析》,《生产力研究》2007 年第 14 期。

[129] 舒绍福:《跨文化领导的兴起、挑战与应对》,《教学与研究》2014 年第 10 期。

[130] 宿景祥:《全球化是资本主义发展的最新阶段》,《教学与研究》1999 年第 9 期。

[131] 田婕:《高校学生培养成本研究》,《财会通讯》2010 年第 11 期。

[132] 田晓勇:《师范生综合素质评估的一种方法》,《固原师专学报》1998 年第 2 期。

[133] 田友谊:《当代学生评价的理论与实践》,华中师范大学出版社 2012 年版。

［134］汪洁:《高校大学生体育综合素质评估支持系统研究——基于灰靶理论模型》,《浙江体育科学》2013年第4期。

［135］王海涛:《智能制造背景下专业类实验室建设与人才培养》,《实验室研究与探索》2019年第10期。

［136］王小海、刘凤洁:《欧盟教育政策中的"欧洲维度"与欧洲认同建构》,《广东外语外贸大学学报》2014年第3期。

［137］王雪梅:《全球化、信息化背景下国际化人才的内涵、类型与培养思路——以外语类院校为例》,《外语电化教学》2014年第1期。

［138］王宇航、宋成方:《当代中国青年国际形象的媒体建构——基于"七国集团"主要媒体2009—2016年网络报道的实证分析》,《南京社会科学》2017年第5期。

［139］王宇航:《经贸类创新人才培养的实践与探索》,《北京教育(德育)》2014年第3期。

［140］韦德洪:《高校学生培养成本核算的必要与可行》,《广西会计》2002年第11期。

［141］魏晶、贾曦、刘栋:《以促进发展为目标的大学生综合素质评价——第二课堂成绩单建设理念与实践》,《中国电化教育》2018年第9期。

［142］文君:《用系统思维创新高校"一带一路"国际化人才培养路径》,《国际商务——对外经济贸易大学学报》2015年第5期。

［143］吴钢、于光磊:《各类高校学生评价教师课堂教学的调查研究》,《高校教育管理》2012年第1期。

［144］吴汉东:《人工智能时代的制度安排与法律规制》,《法律科学(西北政法大学学报)》2017年第5期。

［145］吴锵:《从博雅教育、通识教育到人文素质教育》,《南京理工大学学报(社会科学版)》2004年第4期。

［146］吴荣军、李亿:《美国高校学生培养工作生本理念与实践及其借鉴》,《学校党建与思想教育》2015年第4期。

[147] 吴时明:《我国高校大学生科技素质培养创新的探讨》,《科技创业》2008 年第 10 期。

[148] 吴箫、肖芬、胡文涛:《国际商务中的跨文化能力概念模型》,《英语广场》2013 年第 1 期。

[149] 吴跃东:《大学生国家安全观教育影响因素分析》,《当代青年研究》2019 年第 3 期。

[150] 项贤明:《在人工智能时代如何学为人师?》,《中国教育学刊》2019 年第 3 期。

[151] 肖芬、张建民:《国际商务中的跨文化能力指标构建》,《统计与决策》2012 年第 19 期。

[152] 肖永良、罗永恒、李香宝、刘文彬,贺灿卫:《高校大学生综合素质评价框架研究》,《中国管理信息化》2020 年第 23 期。

[153] 谢丹、马永红、郭广生:《我国研究生暑期学校举办特征与实施效果研究》,《学位与研究生教育》2013 年第 8 期。

[154] 熊阿伟、尹强飞:《学生综合素质评估管理在 WEB 的应用与实现》,《科技风》2010 年第 23 期。

[155] 徐安、赵庆贺、葛世锋:《"层次分析法"在"合训分流"学员综合素质评估中的应用》,《黑龙江教育(高教研究与评估)》2009 年第 5 期。

[156] 徐弃郁:《"占领华尔街":美国"民粹主义新时代"?》,《世界知识》2011 年第 23 期。

[157] 许军国:《从校园文化视角看立德树人》,《中国教育学刊》2014 年第 4 期。

[158] 许力生、孙淑女:《跨文化能力递进——交互培养模式构建》,《浙江大学学报(人文社会科学版)》2013 年第 7 期。

[159] 许青云:《我国高校管理科学化中存在问题及对策研究》,《管理学刊》2009 年第 22 期。

[160] 许涛:《"区块链＋"教育的发展现状及其应用价值研究》,《远程教育

杂志》2017年第2期。

[161]闫祯:《自主性评价:高校学生评价的一种新趋向》,《教育理论与实践》2004年第16期。

[162]闫志明、唐夏夏等:《教育人工智能(EAI)的内涵、关键技术与应用趋势——美国〈为人工智能的未来做好准备〉和〈国家人工智能研发战略规划〉报告解析》,《远程教育杂志》2017年第1期。

[163]杨保华、陈昌:《区块链:原理、设计与应用》,机械工业出版社2017年版。

[164]杨劼:《智能科技时代高等教育面临的挑战与变革》,《上海交通大学学报(哲学社会科学版)》2020年第4期。

[165]姚福生:《新时期大学生国际视野教育初探》,《学术论坛》2008年第1期。

[166]叶蓁蓁、罗华:《中国区块链应用发展研究报告(2020)》,社会科学文献出版社2020年版。

[167]伊广英:《马克思主义科技思想对培养当代大学生科技素质的启示》,《前沿》2012年第24期。

[168]于承杰:《高校学生评价机制建设探析》,《教育评论》2017年第7期。

[169]于澎田、赵凌国、张洪鑫:《论高校学生培养的质量意识》,《黑龙江高教研究》1999年第2期。

[170]于维同、黎莉:《普通高校学生培养的柔性课堂教学模式探究》,《辽宁教育研究》2005年第6期。

[171]余凯、贾磊、陈雨强、徐伟:《深度学习的昨天、今天和明天》,《计算机研究与发展》2013年第9期。

[172]袁旦:《区域经济发展视角下高校学生评价策略研究》,《教育理论与实践》2014年第18期。

[173]袁红:《高校国际化人才培养途径探析》,《黑龙江教育(高教研究与评估)》2017年第11期。

[174] 袁西玲、崔雅萍:《美国经验对我国通识教育中跨文化课程建设与发展的启示》,《理论导刊》2010 第 6 期。

[175] 原成成:《新时期大学生科技素质培养的机遇与挑战》,《中国高校科技 2016 年第 8 期。

[176] 约翰·瑞文:《现代社会胜任工作的能力—能力的鉴别、发展和发挥》,钱兰英等译,厦门大学出版社 1995 年版。

[177] 张超颖:《"逆全球化"的背后:新自由主义的危机及其批判》,《当代经济研究》2019 年第 3 期。

[178] 张成:《大学生综合素质评估标准及实践研究》,《天津城市建设学院学报》1998 年第 4 期。

[179] 张凡迪:《高校学生评价教师教学质量的维度结构研究》,《辽宁教育研究》2003 年第 3 期。

[180] 张宏远:《加强高校大学生素质教育培养大学生科技创新能力》,《职业教育》2017 年第 5 期。

[181] 张乐乐、陈恩伦:《新时代应用型本科高校学生评价的现实困境及其变革路径》,《内蒙古社会科学》2020 年第 3 期。

[182] 张琳琳:《来华留学生跨文化教育课程研究》,《外语学刊》2014 年第 5 期。

[183] 张元林、陈序、赵熙:《区块链:开启智能新时代》,人民邮电出版社 2018 年版。

[184] 张赟、王小凡:《面向科技新时代的科学教育:挑战与机遇》,《大学与学科》2020 年第 6 期。

[185] 长铗、韩锋:《区块链:从数字货币到信用社会》,中信出版社 2016 年版。

[186] 赵飞、刘社欣、黄华、何敏藩:《大学生思想道德水平评价的理论与实践》,学苑出版社 2013 年版。

[187] 赵娜:《大学生科技创新能力培养的实践与思考》,《软件导刊·教育

技术》2015 年第 6 期。

[188] 郑学宝,孙健敏:《大学生能力素质模型建立的思路与方法》,《华南
师范大学学报(社会科学版)》2005 年第 5 期。

[189] 郑永廷等:《大学生自主创新理论与实践》,人民出版社 2006 年版。

[190] 支敏、卢云辉:《基于 AHP 的大学生综合素质评估》,《贵州民族学院
学报(哲学社会科学版)》2006 年第 4 期。

[191] 钟秉林、王新凤、方芳:《信息科技驱动下的教育变革——机遇、挑战
与反思》,《南京师大学报(社会科学版)》2019 年第 5 期。

[192] 钟一彪:《社会对人才的素质要求与高校学生培养研究》,《中国青年
研究》2006 年第 8 期。

[193] 周家伦:《创新型人才培养与大学生综合素质教育》,《中国高等教
育》2006 年第 5 期。

[194] 朱洪洋:《学习幻肢与神经全景敞视:脑机接口技术应用于教育的主
要伦理挑战》,《电化教育研究》2020 年第 5 期。

[195] 朱江、张耀灿:《大学德育概论》,湖北教育出版社 1986 年版。

[196] 朱有明:《我国企业"走出去"东盟发展人才需求分析与培养——以
柬埔寨西哈努克港经济特区为例》,《价值工程》2013 年第 4 期。

[197] 邹晨红:《基于模糊综合评判的大学生综合素质评估模式研究》,《软
件导刊(教育技术)》2017 年第 7 期。

[198] 李青、吴念香、张坚雄、袁宜英:《"三主体"协同参与转变人才培养质
量跟踪评价范式》,《中国高等教育》2014 年第 3/4 期。

[199] 李立国:《工业 4.0 时代的高等教育人才培养模式》,《清华大学教育
研究》2016 年第 1 期。

[200] 王卫兵:《利用会计调整法计算高校学生培养成本》,《山西财经大学
学报》2006 年第 S2 期。

图书在版编目(CIP)数据

新时代大学生综合素质评价机制创新研究/王宇航,
秦冠英著.—上海:格致出版社:上海人民出版社,
2023.5
ISBN 978-7-5432-3448-2

Ⅰ.①新… Ⅱ.①王… ②秦… Ⅲ.①大学生-素质
教育-教育评估 Ⅳ.①G640

中国国家版本馆 CIP 数据核字(2023)第 056025 号

责任编辑 王浩淼
装帧设计 路 静

新时代大学生综合素质评价机制创新研究
王宇航 秦冠英 著

出 版 格致出版社
上海人&出版社
(201101 上海市闵行区号景路 159 弄 C 座)
发 行 上海人民出版社发行中心
印 刷 上海商务联西印刷有限公司
开 本 720×1000 1/16
印 张 11.5
插 页 2
字 数 117,000
版 次 2023 年 5 月第 1 版
印 次 2023 年 5 月第 1 次印刷
ISBN 978-7-5432-3448-2/G·697
定 价 58.00 元